하버마스가 들려주는

의사소통 이야기

하버마스가 들려주는

의사소통 이야기

초판 1쇄 발행일 2008년 6월 30일
초판 11쇄 발행일 2024년 2월 1일

지은이 문성훈
그림 최은화
펴낸이 정은영

펴낸곳 (주)자음과모음
출판등록 2001년 11월 28일 제2001-000259호
주소 10881 경기도 파주시 회동길 325-20
전화 편집부 (02)324-2347 경영지원부 (02)325-6047
팩스 편집부 (02)324-2348 경영지원부 (02)2648-1311
e-mail jamoteen@jamobook.com

ISBN 978-89-544-0814-1 (64100)

하버마스가 들려주는

의사소통 이야기

문성훈 지음

(주)자음과모음

여러분, 하버마스가 누군지 아세요? 하버마스는 독일의 유명한 철학자랍니다. 1929년에 태어났으니 지금쯤 나이가 지긋한 할아버지가 되었겠죠. 1996년에는 한국에도 왔었답니다. 보름 남짓한 한국 방문이었어요. 서울대학교를 비롯하여 전국 각지의 대학을 다니며 많은 사람 앞에서 이야기를 들려주었답니다. 신문이나 텔레비전 뉴스에서 매일 하버마스의 활동을 전해 주었어요. 하버마스라는 사람은 그만큼 유명하고 훌륭한 철학자랍니다.

그런데 철학자는 무엇을 하는 사람일까요? 교사, 의사, 판사, 변호사, 과학자, 군인, 정치가라는 말은 자주 들었어도 '철학자' 라는 직업은 여러분이 자세히 알고 있지 않죠. 그리고 '철학' 이라는 용어가 귀에 익숙하지도 않을 거예요. 간단히 말해서 철학이란 세상 모든 일에 대해 아주 깊게 생각하는 학문이고, 철학자는 그 학문이 원하는 대로 더 이상 생각할 수 없을 때까지 생각하는 사람을 말합니다. 이 정도면 쉽게 이해가 가나요?

예를 들어 보죠. 사람들은 지구가 태양 주위를 돈다고 이야기합니다. 그러나 이전에는 태양이 지구 주위를 돈다고 생각했어요. 사실 아침에는 태양이 동쪽에서 떠오릅니다. 그리고 저녁에는 서쪽으로 지죠. 땅 위에 서 있는 사람은 자기가 정지해 있다고 느껴요. 그러니까 태양이 지구를 돌고 있다고 생각한 것이죠. 과연 어느 말이 맞을까요? 지구가 태양 주위를 돌까요, 아니면 태양이 지구 주위를 돌까요? 여러분이 우주선을 타고 지구 바깥으로 나가면 지구가 도는지 태양이 도는지 눈으로 확인할 수 있을까요? 그런데 지구도 움직이고, 태양도 움직이면 어떻게 하죠?

천문학자는 별이 어떻게 움직이는지 관측하고 또 계산한답니다. 그리고 지구를 중심으로 별의 움직임을 계산하는 게 더 간단할지, 아니면 태양을 중심으로 별의 움직임을 계산하는 게 더 간단할지를 고민합니다. 그러나 철학자가 하는 일은 천문학자와 다르답니다. 철학자는 우리가 하는 말이 참인가 거짓인가를 구별하는 기준이 무엇일까에 대해 생각한답니다. 우리가 눈으로 확인할 수 있을 때만 어떤 말이 참인지, 아니면 우리가 눈으로 확인할 수 없더라도 그 말이 참일 수 있는지……. 다시 말해 철학자는 우리가 참과 거짓을 구별할 때 그 기준이 무엇일까에 대해 끝까지 생각해 보는 사람이에요.

또 다른 예가 있어요. 어떻게 사는 것이 좋은 삶일까요? 어머니는 항상 열심히 공부를 하라고 하세요. 열심히 공부하지 않으면 나쁜 사람이래요. 왜 그렇죠? 열심히 공부하면 시험도 잘 볼 것이고, 나중에 좋은 대학에 가겠죠. 그리고 좋은 대학에 가면 좋은 회사에 취직해서 월급도 많이 받을 거예요. 그럼 돈 걱정 없이 좋은 집에서, 좋은 옷 입고, 맛있는 음식

먹으며 잘 살 수 있을 테지요. 그러니까 공부 열심히 해야 하나요? 더구나 좋은 대학에 가지 못하고 좋은 회사에 취직하지 못하면 나쁜 사람인가요?

내가 열심히 공부해서 1등하면 다른 사람은 1등을 놓치게 됩니다. 그리고 내가 좋은 회사에 취직하면 다른 사람은 그렇지 못한 회사에 취직해야겠죠. 모든 회사가 다 좋은 것은 아니니까요. 그럼 다른 사람은 월급도 적은 회사에 다니며 잘 살지 못할 수도 있네요. 공부 열심히 해야 하는 이유가 다른 사람과 경쟁해서 이기고, 그래서 내가 다른 사람보다 잘 살 수 있기 때문인가요? 아니면 열심히 공부하라는 이유는 장차 훌륭한 사람이 되어서 우리나라를 부강하게 하고 국민들이 다 잘 살 수 있게 만드는 데 있나요? 어떤 삶이 좋은 삶일까요? 자기 혼자 잘사는 것, 아니면 다른 모든 사람을 다 잘살게 하면서 남들로부터 존경받는 삶일까요?

철학자는 이처럼 무엇이 참이고, 무엇이 좋고, 무엇이 옳은가에 대해 질문한답니다. 그러나 간단히 이런 말이 참이고, 이런 삶이 좋고, 이런 행동이 옳다고 말하지는 않아요. 사람들이 참이다, 좋다, 옳다고 주장할 때, 철학자는 왜 그런가를 물어보는 사람이에요. 그리고 참과 거짓, 좋음과 나쁨, 옳음과 그름을 구별할 수 있는 기준이 무엇인가에 대해 끈질기게 물어본답니다.

이런 사람이 옆에 있으면 굉장히 귀찮겠죠? 하지만 이런 사람이 없으면 우리는 깊이 생각해 보지 않은 채 그저 우리가 알고 있는 지식을 다 참이라고 생각하게 되지요. 그리고 사람들이 좋다고 말하는 삶이 다 좋은 줄 알죠. 마찬가지로 무엇이 옳은지도 모른 채 자기가 하는 행동이 다 옳다고 말하게 됩니다. 그래서 철학자는 꼭 필요한 사람입니다. 하지만 꼭 특별한 능력이 있어야 철학자가 되는 것은 아니에요. 여러분도 어떤 문제에 대해 끈질기게 물어보면서 더 이상 생각할 수 없을 때까지 생각해 본다면 이미 철학자인 셈이니까요.

하버마스는 바로 이런 철학자랍니다. 그리고 하버마스도 나름대로의 문제에 대해 끈질기게 물어보고 끝까지 생각해 보았어요. 그게 어떤 문제냐고요? 하버마스가 관심을 기울인 문제는 어떤 사회가 올바른 사회인가 하는 점이에요. 어떤 말이 참이고, 어떤 행동이 올바른 행동인가 물어볼 수 있듯이, 우리는 어떤 사회가 올바른 사회인가에 대해 물어볼 수 있답니다.

여러분 생각은 어떻죠? 어떤 사회가 올바른 사회일까요? 앞으로 여러분은 바로 이 문제에 대해 하버마스가 어떻게 생각했고 또 어떤 답을 내렸는지를 알게 될 거예요. 우리는 이런 생각과 답을 그의 철학이라고 한답니다.

뭐라고요? 하버마스의 철학에 대해 조금만 귀띔해 달라고요? 조금은 알아야지 흥미가 생긴다고요? 그럼 한 가지만 알려 줄게요. 하버마스 철학은 '의사소통' 이란 말과 관련이 있답니다. 도대체 이건 또 무슨 말이냐고요? 여러분, 정말 처음 듣는 말인가요? 국어사전을 찾아보면 의사소통이란 말은 '의사' 라는 말과 '소통' 이라는 말이 합해져서 만들어진 단어예요. 먼저 '의사' 는 무엇을 하려고 하는 생각이나 마음을 뜻합니다. 그리고 '소통' 은 사람과 사람 사이가 막히지 않고 잘 통함을 뜻해요. 그럼 '의사소통' 이란 무슨 뜻이 되죠? 당연히 무엇을 하려는 생각이나 마음이 사람들 서로 간에 막히지 않고 잘 통한다는 뜻이겠죠. 즉, 의사소통이란 사람들이 자신 생각이나 마음을 남에게 전달하면서 무엇을 어떻게 할지를 결정하는 행동을 말합니다.

그런데 자신 생각이나 마음을 어떤 방법으로 남에게 전달할 수 있을까요? 그야 간단하죠. 바로 대화입니다. 우리는 대화를 통해 다른 사람에게 내 생각이나 마음을 전달합니다. 따라서 의사소통이 잘 되려면 우리는 대화를 잘 해야 합니다.

다시 말해서 여러분이 다른 사람과 말하고 듣고 이해하기를 잘 한다면 의사소통을 잘 하는 것이에요. 하지만 우리가 대화를 잘 하지 못한다면 의사소통도 잘 될 수 없겠지요. 반복해서 말하자면 우리가 대화를 잘 하지 못한다면 우리 자신 생각이나 마음이 다른 사람과 잘 통하지 못하게 되는 것입니다.

하버마스가 오랫동안 고민한 것은, 바로 어떻게 해야 대화를 통한 의사소통이 잘 이루어질까 하는 점이었어요. 그리고 또 하버마스는 의사소통이 잘 이루어지는 게 왜 중요한가에 대해서도 끈질기게 생각해 보았답니다. 그런데 의사소통하고 올바른 사회가 무슨 관계가 있냐고요? 독자 여러분, 이 책을 끝까지 읽어보세요. 그러고 나면 여러분은 의사소통과 올바른 사회와의 관계에 대해 제대로 이해할 수 있을 거예요. 어때요, 관심이 생기나요?

2008년 6월

문성훈

C O N T E N T S

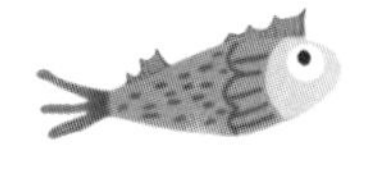

바람이 유난히 거세게 부는 저녁이었어요. 입원실 창문이 덜컹거리는 바람에 향이엄마는 그만 눈을 뜨고 말았지요. 향이엄마는 향이 침대 옆 의자에 앉아 졸고 있었거든요.

"엄마가 깜박 졸았나 보다."

향이와 눈이 마주친 엄마는 겸연쩍게 웃으며 말했어요.

"사과 먹을래?"

"싫어."

"그럼 귤 까줄까?"

"싫어."

"우리 딸 왜 이렇게 화가 나 있어?"

향이는 병원에 입원한 지 일주일이나 되었어요. 매일 좁은 입원실에만 있다 보니 시무룩해져서는 엄마가 무슨 말을 시켜도 삐죽 입술만 내밀고 심술을 부려요. 그래도 엄마는 야단 한번 치지 않았어요. 몸이 아픈 사람이 병원에서 치료를 받아야 하는 것처럼 마음이 아픈 향이도 병원에서 치료를 받는 중이었거든요. 입원실에는 향이 말고도 마음이 아픈 아이가 세 명이나 더 있어요. 향이 바로 옆 침대에는 삼중이가, 향이 맞은편에 있는 두 개의 침대에는 재영이와 진희가 입원해 있어요. 다들 또래였지만 아이들은 서로에게 그다지 관심을 두지 않았어요. 오히려 아이들보다 엄마끼리 더 친하게 지내고 있었죠. 그 날도 삼중이엄마는 늦게 올 것 같다며 향이엄마에게 삼중이를 부탁하기도 했어요.

"삼중이는 뭐 먹고 싶은 거 없니?"

"없니?"

두 눈을 끔벅거리며 향이 쪽을 쳐다보고 있던 삼중이는 작은 소리로 향이엄마의 말을 따라했어요.

"쟤 또 저런다."

짜증이 난 향이가 투덜거리자,

"쟤 또 저런다"라고 삼중이가 다시 따라 말했어요.

"바보."

"바보."

삼중이가 따라하는 것을 멈추지 않자 화가 난 향이는 주먹을 쥐고 허공에 휘두르기까지 했어요.

"그러면 못써."

엄마가 엄하게 나무라자 향이는 팩 토라져서는, "물 줘!"라고 명령조로 말했어요.

"알았다. 잠깐 기다려."

향이엄마가 빈 물통을 들고 병실 밖으로 나가자 향이는 삼중이를 째려보며, "너 자꾸 그러면 가만히 안 둔다"고 위협했어요.

"가만히 안 둔다."

삼중이도 그렇게 말했죠. 뺨이 벌겋게 달아오를 정도로 화가 난 향이는 침대 옆 탁자 위에 있던 동그란 물건을 삼중이에게 던졌어요. 그러나 운 좋게도 삼중이는 그 물건에 맞지 않았어요. 오히려 이불 위로 푹 떨어진 물건을 주워서 다시 향이에게 던졌어요. 향이는 다시 그 물건을 집어 들었어요. 그런데 물건을 집자마자 뚜껑이 '탁' 하고 열리는 거예요. 뚜껑에는 거울이 달려 있었어요.

"으악!"

아무 생각 없이 뚜껑을 들여다 본 향이는 그만 기겁을 하여 비명을 지르고 말았어요. 창을 두드리는 바람 소리보다도 훨씬 큰 비명 소리를 들은 아이들도 깜짝 놀라 향이처럼 소리를 지르기 시작했어요.

"무서워! 무서워!"

이불 위에서 나뒹구는 거울을 차마 치우지도 못하고 향이는 계속 소리를 질렀어요.

"무서워! 무서워!"

삼중이도 향이를 따라 소리를 질렀죠.

"시끄러워! 시끄러워!"

맞은편 침대에서 만화책을 보고 있던 재영이가 자신 귀를 막으며 소리를 질렀어요.

"시끄러워! 시끄러워!"

삼중이가 다시 재영이 말을 따라 했어요. 그 와중에 진희이는 어쩔 줄 몰라 하며 울기 시작했어요.

입원실은 순식간에 아이들의 고함소리와 울음소리로 난장판이 되어 버렸어요. 그 소리가 어찌나 컸던지 입원실 밖 복도까지 퍼져 나갔어요. 물통을 들고 오던 향이엄마는 아이들의 비명소리를 듣고 정신없이 뛰기 시작했어요. 마침 화장실에서 나오는 중이었던 재영이엄마도 입원실 쪽을 향해 뛰어갔죠.

"괜찮아, 향아야. 괜찮아."

입원실로 들어간 향이엄마는 거울부터 치우며 향이를 안아 줬어요. 그리고 침대 옆에 있는 호출버튼을 눌렀어요. 그 사이에 재영이엄마도 들어와서는 재영이와 진희를 다독거렸어요. 뒤이어 의사선생님과 간호사 선생님도 들어왔어요.

"우리 천사들, 선생님을 보세요."

간호사선생님이 아이들 상태를 하나하나 체크하는 동안 의사선생님이 산타클로스 할아버지 목소리를 흉내 내며 아이들의 주의를 끌었어요.

"보세요."

삼중이는 의사선생님의 말도 따라했지만 조금 전과는 달리 작은 목소리로 중얼거렸어요. 엄마 품에 안겨 있던 향이는 얼굴만 살짝 돌렸어요. 진희는 훌쩍거리며 쳐다보았고요. 재영이는 이불을 뒤집어쓴 채 꼼짝달싹도 하지 않았어요. 아이들은 저마다 다른 반응을 보였지만 의사선생님은 너털웃음을 치더니 갑자기 마빡이 춤을 추기 시작했어요. 향이는 동그랗게 눈을 뜨고 의사선생님을 보았죠. 그건 다른 아이들도 마찬가지였어요. 이불 속에 들어가 있는 재영이만 빼고요.

엄마들도 손으로 입을 가리고 킥킥 웃기 시작했어요. 아이들이 하도 말썽을 피우는 바람에 힘들 때도 많지만 마음 좋은 의사 선생님 덕분에 힘을 내기도 하지요.

대학병원 아동정신과 317호 입원실에서는 이렇게 또 하루가 저물어 가요.

남의 눈을 통해 자신을 보다

혼자서는 누구도 자유로울 수 없고, 타인과의 관계없이는 누구도 의식적 삶을 영위할 수도, 자신의 고유한 삶을 살 수도 없다.

— 하버마스

1 거울을 무서워하는 아이

향이는 엄마 손을 꼭 붙잡고 놓지 않으려 했어요. 혼자만 진찰실로 들어서는 게 무서웠거든요. 엄마도 그 마음을 모르지 않았어요. 그러나 향이 마음을 치료하기 위해서는 어쩔 수 없는 과정이었어요. 의사선생님과의 상담은 향이 혼자 해내야 하는 일이니까요.

"선생님이 재미있는 분이라는 건 알지? 그리고 우리 향이가 나올 때까지 엄마는 여기서 기다릴 거야. 그러니까 우리 향이 씩씩

하게 들어갈 수 있지?"

향이엄마는 그렇게 말하며 향이가 잡은 손을 풀었어요. 엄마 손을 놓지 않으려고 힘을 주었던 향이는 고개를 절레절레 흔들었어요. 그러자 엄마는 향이 뺨을 어루만진 뒤 손가락을 내밀었어요.

"약속할게. 계속 여기에 있을 거야."

향이는 엄마가 내민 새끼손가락에 자신의 새끼손가락을 걸었어요. 그리고는 엄마 엄지손가락과 자신의 엄지손가락을 꾹 맞대며 도장까지 찍었죠. 그렇게 한 다음에야 문을 열었어요. 문틈 사이로 의사선생님과 눈이 마주친 엄마는 고개를 숙여 인사를 했어요. 선생님도 고개를 끄덕였죠. 안쪽으로 들어서지 못하고 쭈뼛쭈뼛 서 있던 향이가 뒤돌아보았어요. 엄마는 브이 자를 내보이며 조그만 목소리로 "화이팅, 우리 딸"이라고 응원해 주었어요. 향이도 브이 자를 내보이자 엄마는 환하게 웃으며 문을 닫아 주었어요. 닫힌 문에서 눈을 돌린 향이는 울 것 같은 표정으로 진료실 안을 휘둘러보았어요. 매일 보는 의사선생님이지만 단 둘이 있으니까 어색하기도 하고, 어려운 질문을 할까 봐 겁도 났어요.

"골라 앉는 재미가 있지? 어떤 의자에 앉는 것이 좋을까?"

의사선생님이 물었어요. 아이용 의자가 세 개나 있었는데 하나는 등받이가 없는 무지개다리 모양이었고요, 또 하나는 커다란 곰 인형 모양이었고요, 마지막 하나는 변기통 모양이었는데 그걸 본 향이는 그만 웃음이 터져 나오려는 걸 억지로 참으며 무지개다리 의자에 총총 다가가 앉았어요.

"선생님도 향이에겐 그 의자가 어울린다고 생각했단다. 이야, 우리는 정말 잘 통하는 것 같지 않니?"

"별로요."

"그래? 그럼 향이가 뭘 좋아하는지 맞추면 믿어 줄래?"

"뭐……."

향이는 입술을 삐죽거리며 제대로 대답하지 않았어요.

"못 믿는구나."

"엄마한테 들은 이야기 할 거잖아요."

"에이. 의사선생님은 그런 짓 하지 않아."

"칫."

"향아, 향이는 엄마가 좋아? 아빠가 좋아?"

향이는 어이가 없는 표정으로 의사선생님을 쳐다보았어요.

"내가 어린애인 줄 알아요? 벌써 열한 살이나 됐다고요."

"그렇구나. 향이는 열한 살이나 되었네. 그런데 어제 저녁에는 아기처럼 소리를 질렀지?"

의사선생님은 부드럽게 말했지만 향이는 견딜 수 없이 화가 났어요.

"내가 언제요? 소, 소리 같은 거 안 질렀어요."

하지만 입원실에 있을 때와는 달리 큰 소리를 내지 못하고 손가락을 꼼지락거리며 우물거렸죠.

"사탕 먹을래?"

의사선생님은 향이 머리를 한 번 쓰다듬고 책상 위에 놓인 유리 그릇을 내밀었어요.

"나는 딸기 맛이 좋던데."

향이는 잠시 망설이다 딸기 사탕을 집어 들었어요.

"너도 그걸 좋아할 거라 생각했단다."

"조, 좋아하지 않아요. 그냥 집은 거예요."

"향이가 좋아하는 게 또 뭐가 있을까? 친구와 노는 거? 만화책 읽는 거? 게임 하는 거?"

향이는 애꿎은 이마만 문지르며 못들은 척 아무 말도 하지 않았어요. 의사선생님은 그런 모습을 주의 깊게 지켜보았어요. 그리고 선생님도 사탕 하나를 집어 들고 포장을 뜯으려고 했어요. 그러나 크고 굵은 손가락으로 작은 사탕 포장지가 잘 안 뜯어지는지 자꾸만 사탕을 놓치는 거예요.

"제가 해 드릴게요."

보다 못한 향이가 사탕을 빼앗다시피 들고서는 가볍게 포장을 뜯었죠.

"고맙다. 향이는 착한 아이구나."

의사선생님은 빙긋이 웃으며 말했어요. 그러자 향이는 얼굴을 붉히며 바닥만 쳐다보았지요. 의사선생님은 그런 향이 모습을 하나도 놓치지 않고 보았죠. 그리고는 부드럽고 느린 음성으로 물었어요.

"거울이 무섭니?"

순간 움찔하는 향이를 안정시키기 위해 의사선생님은 향이의 작은 손을 잡았어요.

"괜찮아. 선생님도 향이처럼 무서워할 때가 있거든."

"서, 선생님도요? 선생님도 거울 속에 들어가 있는 얼굴이 무서워요?"

향이의 말을 들은 의사선생님 눈동자가 반짝 빛났어요. 그러나 고개를 숙이고 있던 향이는 그 모습을 보지 못했어요.

"향이는 이렇게 예쁜 아인데 거울 속에 비치는 모습이 무서워? 선생님은 피부도 나쁘고 주름이 많아도 거울 보는 게 하나도 무섭지 않던데."

"……."

"뭐? 뭐라고 했니?"

향이가 우물거리는 바람에 무슨 말을 하는지 알아듣지 못한 의사 선생님이 물었어요.

"선생님은 못 생기지 않았어요."

잠시 망설이더니 향이는 또박또박 말했어요.

"하하. 고맙다. 그래도 향이처럼 예쁘면 거울을 보는 기분이 더 좋을 것 같구나."

다시 자신에 관한 이야기로 돌아가자 향이는 고개를 숙여 버렸어요.

"향이는 부끄러움도 많이 타는구나."

"……."

"선생님이 향이에 대해 말하는 거 싫으니?"

"……."

의사선생님은 무언가를 가만 생각하다 자신 자리로 돌아가 앉았어요. 책상 맞은편에 앉아 있던 향이는 그때까지도 고개를 들지 않았죠.

"향아. 선생님 좀 봐 줄래?"

"싫어요."

"왜?"

"선생님 눈동자에 제가 비쳐요."

향이는 고집스럽게 말했어요. 그러자 의사선생님이 호탕하게 웃으며 말했어요.

"선생님 눈동자는 크지도 맑지도 않아서 향이 얼굴을 비출 수가 없단다."

의사선생님은 자신이 크게 웃으면 향이가 한결 편안해 한다는 사실을 알았어요. 그리고 의사선생님은 또 하나를 알았죠. 향이가 무서워하는 건 거울이 아니라 거울에 비치는 자신 모습이라는 걸요. 그러나 의사선생님은 더 이상 그런 이야기를 꺼내지 않기로 했어요. 아직은 때가 아니었어요. 향이 마음을 여는 데에는 시간이 필요하죠.

"향이와 오늘 친구가 된 것 같다. 자주 놀러올 거지?"

의사선생님이 그렇게 말하자 향이는 그저 고개만 끄덕였어요.

2 나랑 말하고 싶니?

엄마와 함께 입원실로 돌아온 향이는 왠지 피곤했어요. 침대에 누워 잠을 청하는데 진희와 재영이 말소리가 들렸어요.

"밖을 보고 싶은데……."

진희가 울 것 같은 목소리로 말했어요. 그러자 재영이가 소리를 버럭 질렀어요.

"누가 보지 말래? 왜 자꾸 나한테 그래?"

"커튼 좀 열어 줘. 안 열려. 아무리 해도 안 열려."

"바보야. 그게 무슨 커튼이야? 블라인드도 몰라?"

"열어 줘."

"싫어. 내가 왜? 열고 싶으면 네가 열어."

재영이는 끝까지 고집을 피우며 진희 부탁을 들어주지 않았어요. 보다 못한 향이가 벌떡 일어나서는 진희가 있는 쪽으로 다가갔죠. 진희는 길게 늘어져 있는 두 개 줄을 잡고는 오른쪽 왼쪽으로 잡아당기고만 있었지, 블라인드를 위로 걷어 올리진 못했어요.

"줘 봐."

향이는 진희 손에서 줄을 건네 받았어요. 그리고 오른쪽 줄을 살살 내리며 블라인드를 걷어 올려 줬죠.

"고마워."

"괜찮아."

말은 그렇게 했지만 향이는 진희를 이해할 수 없었어요. 아주 간단한 일이었는데 그거 하나 올리지 못하고 있으니까요. 사흘 전에 입원한 진희랑 대화를 나누는 건 처음이었기 때문에 사실 그 아이 이름조차 모르고 있었어요.

"창문도 열어 줘."

진희가 다시 부탁했어요.

왜, 왜
어쩜!
왜 그래?
앵무새 인간
그러지 마!
따라 하지 마!!
도데체 왜 그러니!!
이해가
너가 앵무새냐
따라 하지 말라고
야옹~
으아악
응?

"열면 되잖아."

"못 열어."

향이는 놀란 눈으로 진희를 쳐다봤어요. 그리고 재영이 쪽을 돌아보았죠.

"재는 바보야."

재영이가 말했어요.

"바보 아니야. 그냥 창문만 못 열어!"

진희가 버럭 소리를 질렀어요.

"그러니까 바보지."

"바보 아니라니까!"

그대로 있다간 두 아이가 싸울 것 같아서 향이가 어른스러운 말투로 말했어요.

"알았어. 내가 열어 줄게. 내가 하는 거 잘 보고 다음엔 네가 열어야 한다."

"네가 열어야 한다."

모든 일을 보고만 있던 삼중이가 또 향이의 말을 그대로 따라했어요.

"그러지 말라고 했잖아."

창에 손을 대다 말고 향이는 삼중이 쪽을 쳐다보며 말했어요.

"그러지 말라고 했잖아."

심술궂게도 삼중이는 진희 말을 다시 따라했어요.

"재 진짜 왜 저러냐? 내 말만 따라하고. 진짜 바보는 재야."

"진짜 바보는 재야."

"아이 씨."

"아이 씨."

화를 내면 자기만 손해일 것 같아 향이는 삼중이를 그냥 무시하기로 했어요. 그리고 창을 열어 줬지요. 진희가 잘 볼 수 있도록 천천히 설명까지 곁들이면서요. 향이 설명을 삼중이는 계속 따라 말하고 있었고요.

"고마워. 너 참 착하구나."

진희가 진심으로 인사를 했지만 향이는 그 말을 듣는 순간 그만 고개를 숙인 채 자신 침대로 빨리 걸어가 버렸어요.

"진짜 너 왜 그러니?

향이는 옆 침대에 앉아 자신을 쳐다보고 있는 삼중이에게 물었어요.

"왜 그러니?"

삼중이가 또 말을 따라 해요. 향이는 정말 어떻게 해야 할지 모르겠어요. 삼중이는 메아리처럼 자신이 하는 말을 자꾸만 따라 하기만 하니까요. 도대체가 대화가 안 되는 거예요. 그래서 한숨을 쉬고 말았는데 삼중이도 한숨을 내쉬는 거예요. 정말 참을 수 없이 화가 난 향이는 삼중이를 한참 동안 노려보았어요. 삼중이는 애써 시선을 피하며 입술을 열었다가 다물었다 했어요. 그 모습을 보고 있자니 어쩐지 불쌍한 생각이 드는 거예요. 말을 하지 못해 제일 답답한 건 바로 삼중이 자신처럼 보였거든요.

"나랑 말하고 싶어?"

"싶어? 싶어……."

울상이 된 삼중이가 메아리처럼 되뇌어요.

3 치료실로 가는 길

단체로 낮잠을 잔 아이들이 하나 둘 깨어나자 엄마들은 따뜻한 물수건으로 얼굴을 닦아 줬어요. 이제 곧 놀이치료 시간이거든요. 복도 끝에 있는 치료실로 가는 동안에도 아이들보다는 엄마끼리 대화를 나누었어요. 아이들은 서로 흘낏 쳐다보기만 했죠.

"향아. 우리 삼중이도 향이와 똑같이 열한 살이야. 친하게 지내면 좋겠지?"라고 삼중이엄마가 향이에게 말했어요.

"삼중이 같이 잘생긴 아이랑 친하게 지내면 얼마나 좋아?"

향이엄마가 웃으며 말했어요. 향이는 슬쩍 삼중이를 쳐다보았죠. 자기가 하는 말을 따라하는 것만 신경 쓰느라 잘 모르고 있었는데 정말 예쁘게 생긴 남자아이였어요.

"그럼 향이가 언니야?"

진희가 자신의 엄마에게 물었어요.

"응. 향이는 언니고 삼중이랑 재영이는 오빠야. 재영이는 열 살이지? 우리 향이는 아홉 살이니까 한 살 많네?"

진희엄마가 물었지만 재영이는 대답하지 않았어요. 오히려 성큼성큼 걸어 사람들 앞으로 나가 버렸죠.

"재영아. 그러면 못써."

재영이엄마가 쫓아가며 말했지만 그 소리도 못들은 척 하는 거예요. 재영이엄마는 다른 엄마들을 쳐다보며 어색하게 웃었어요.

"괜찮아요. 모르는 것도 아닌데요."

진희엄마가 말했어요. 향이는 그 말을 들으며 재영이 뒷모습을 눈으로 쫓았죠. 재영이도 마음이 아픈 아이였어요. 그러니까 입원해 있었겠죠. 그런데 어디가 아픈 걸까요? 함께 지내는 며칠 동안 고집 센 아이라는 생각은 들었지만 다른 아이처럼 아파 보이지는 않았거든요.

4 피에로 아저씨와 짱구

엄마와 떨어져 치료실로 들어선 아이들은 서로 눈치만 살피며 문 앞에서 쭈뼛거렸어요. 넓은 홀에는 각양각색 장난감이 널려 있었는데 사람 모습은 보이지 않았거든요. 그런데 갑자기, 홀 중앙에 있는 커다란 박스에서 피에로가 불쑥 튀어나와 말했어요.

"장난감 세상에 오신 걸 환영합니다!"

향이는 순간 깜짝 놀라서는 옆에 있는 삼중이 손을 쥐고 말았어요. 그러나 곧 아이들이 까르르 웃는 소리를 듣고는 머쓱해져서 삼중이를 쳐다보았죠. 삼중이가 히죽 웃으며 손가락으로 피에로가 들고 있는 짱구인형을 가리켰어요.

"우리 뭐하고 놀까?"

피에로가 손가락을 움직이자 신기하게도 짱구인형이 말을 했어요. 피에로 아저씨는 입을 꾹 다물고 있었는데도 말이에요.

"어? 아무도 대답 안 하네? 그럼 내 마음대로 논다."

짱구는 짐짓 화가 난 척 몸을 앞뒤로 흔들었어요.

"짱구가 어떻게 말해요?"

향이가 조심스럽게 물었어요.

"어떻게 말해요?"

삼중이가 좀 더 큰 소리로 다시 말했어요. 그런데 이번에는 삼중이가 따라 해도 별로 싫지 않았어요. 향이는 정말 궁금했거든요.

"복화술이라는 거야."

"복화술요?"

"응. 피에로 아저씨가 나 대신 말해 주고 있는 거야."

향이는 자신이 짱구인형과 대화를 나누고 있는 게 무척 신기해서 피에로 아저씨가 있는 쪽으로 가까이 다가갔죠. 다른 아이들도 자신 뒤를 따라 오는 것을 느끼면서요.

"어떻게 하는 거야?"

향이는 아예 반말을 해 버렸어요. 짱구는 아직 어린아이니까 높임말을 쓸 필요가 없다고 생각한 거죠.

가르쳐 주기 싫다며 짱구가 심술을 부렸어요.

"왜?"

향이가 물었어요. 뒤이어 삼중이도 "왜?" 하고 물었죠. 그런데도 짱구는 가르쳐 줄 생각을 않는 거예요. 그때였어요. 뒤에서 아무 말도 없이 따라오기만 하던 재영이가 갑자기 앞으로 나서서는 피에로 아저씨 손에서 짱구인형을 확 낚아채 버렸어요.

"야."

"야."

향이와 삼중이가 거의 동시에 소리를 쳤죠. 그리고는 피에로 아저씨가 화를 낼까 걱정이 되어, 또 동시에 피에로 아저씨 눈치를 살폈어요. 그러나 피에로 아저씨는 괜찮다는 듯 씩 웃어주시는 거예요. 그리고 재영이에게 다가가 부드럽게 말했어요.

"돌려주지 않을래?"

"싫어요."

"가지고 싶니?"

재영이는 대답도 하지 않고 문 쪽으로 달려갔어요. 그러자 피에로 아저씨는 다시 짱구 목소리로 물었어요.

"내가 좋아?"

그제야 재영이는 고개를 끄덕였죠.

"하지만 나를 움직이게 하는 방법을 모르잖아."

그렇게 말하는 짱구 목소리가 어찌나 우울하게 들렸던지 향이 마음도 슬퍼지는 거예요. 그래서 재영이가 얼른 피에로 아저씨에게 짱구를 돌려주면 좋겠다고 생각했죠.

"아저씨가 가르쳐 주면 되잖아요."

"내가?"

"야, 고집피우지 마."

향이가 어른스럽게 타일렀지만 재영이는 슬쩍 쳐다보기만 할 뿐 여간해서 짱구인형을 돌려줄 생각을 않는 거예요.

"좋아. 원하면 아저씨가 줄게. 대신 재영이는 뭘 줄 거야?"

"그냥 가질 거예요."

재영이는 피에로 아저씨 물음이 당황스러웠나 봐요. 짱구인형과 피에로 아저씨를 몇 번이나 번갈아 쳐다보더니 결국에는 그렇게 말했어요.

"고집쟁이."

"고집쟁이."

향이는 자신 말을 따라하는 삼중이 손등을 찰싹 때리고는 재영이에게 다가가 짱구인형을 억지로 빼앗으려 했어요. 재영이는 빼앗기지 않으려고 향이를 밀치며 소리를 질러댔죠.

"얘들아. 그만해. 그만."

피에로 아저씨가 아이들을 말리며 말했어요.

"재영아. 짱구 인형을 움직이게 하거나 말하게 하는 방법을 모르면 가져가 봤자 아무 재미도 없을 거야."

"아니에요! 재미있게 놀 수 있어요."

재영이가 고집스레 말했어요. 등 뒤로 인형을 감추면서요.

"그래. 재영이라면 재밌게 놀 수 있을 거야. 만약 짱구가 말을 하게 된다면 모두들 신기해 하며 좋아할 텐데. 아까 네가 짱구를 보았을 때처럼 말이야. 사람들을 놀라게 하고 싶지 않아?"

"싫어요……."

"뭐라고?"

"가르쳐 줘요."

"짱구인형을 돌려줘야 가르쳐 줄 수 있지."

재영이는 잠시 망설이다 짱구인형을 슬며시 건넸어요.

"고맙다. 돌려줬으니까 약속대로 복화술을 가르쳐 줄게. 그런데, 어쩌나? 하루도 빠지지 않고 배워야 실력이 늘 수 있는데."

"그건……."

재영이가 우물거리는 사이, 진희가 아저씨의 팔에 매달리며 자신에게도 인형을 달라고 졸라댔어요. 그러자 피에로 아저씨가 또 물었어요.

"진희도 가지고 싶어? 향이와 삼중이는?"

아이들은 자신들도 가지고 싶다고 고개를 끄덕였죠.

"그럼 나랑 한 가지 약속할래?"

"약속요?"

"너희 모두에게 이런 인형을 하나씩 줄 거야. 물론 복화술도 가르쳐 주고. 대신, 매일 여기에 와서 놀아야 한단다. 그 약속이 지켜지면 일주일 후에 멋진 인형을 선물하지."

피에로 아저씨가 그렇게 말하자 아이들은 "예……"라고 작은 소리로 대답했어요. 물론 재영이는 대답하지 않았고, 삼중이는 한 박자 늦게 대답을 했죠. 그래도 그 순간만큼은 다들 만족한 듯한 표정이었어요. 서로 쳐다보며 예쁘게 웃었거든요.

남의 눈을 통해 자신을 보다

여러분은 자신이 어떤 사람이라고 생각하세요? 착한 사람, 못된 사람? 아니면, 평범한 사람, 똑똑하고 지혜로운 사람? 여러분이 자기 자신을 어떤 사람이라고 생각해도 좋아요. 중요한 건 여러분이 어떻게 그런 생각을 하게 되었는가 하는 거예요.

우리는 대개 다른 사람이 우리 자신에 대해 어떻게 생각하는지를 알게 되면서 우리 자신에 대한 상을 그리게 된답니다. 예를 들어, 착한 사람이라는 말을 많이 듣게 되면 자신이 착한 사람이라고 생각하게 되지요. 반대로 나쁜 사람이란 말을 많이 듣게 되면 자신이 나쁜 사람이라고 생각하기 쉽지요.

우리는 흔히 우리 자신이 어떤 사람인가에 대해 별로 생각하지 않으면서 삽니다. 하지만 모든 사람이 나를 나쁜 사람이라고 말해도 내가 꼭 나 자신을 나쁜 사람이라고 생각하는 것은 아니에요. 그런데 사람들이

다 여러분을 나쁜 사람이라고 말하면 어떻게 될까요? 당연히 여러분은 자신에 대해 곰곰이 생각해 보게 되죠. 진짜 나쁜 사람인지 아닌지에 대해서 말이죠. 다시 말해 여러분은 다른 사람 눈을 빌어 자신을 보게 된다는 거예요.

여러분이 자신에 대해 진짜 상을 그리게 되는 때는 바로 이렇게 남의 눈을 통해 자신을 볼 줄 알게 되면서부터입니다. 그리고 남이 말하는 자신이 진짜 자기 자신인지 고민하게 됩니다. 여러분이 나쁜 사람이 아니라면 나는 나쁜 사람이 아니라고 남들에게 말할 거예요. 그러면 그들도 왜 내가 나쁜 사람인지를 말해 줄 거예요. 이렇게 서로 대화를 하면서 우리는 점점 우리 자신의 진짜 상을 그리게 된답니다.

의사소통은 바로 이런 거예요. 우리는 대화를 통해 우리 자신 생각이나 감정을 전달할 뿐만 아니라, 다른 사람 생각이나 감정도 듣게 됩니다. 하지만 의사소통은 단지 자기 자신 생각과 감정만을 이야기하는 것도 아니고, 다른 사람 생각이나 감정을 듣기만 하는 것도 아니에요. 우리는 다른 사람 생각이나 감정을 들으면서 이에 대한 자신 생각이나 감정을 이야기 한다는 것이죠. 그리고 우리는 다른 사람 눈을 통해, 아니

다른 사람 반응을 통해 우리 자신에 대해 생각해 봅니다. 그렇게 되면 우리는 우리 자신 생각이나 감정을 고칠 수 있고, 또 다른 사람 생각이나 감정을 고칠 수 있어요. 이게 바로 의사소통입니다.

향이는 어떤 아이일까요? 향이는 다른 사람이 자신에 관한 이야기 하는 것을 듣기 싫어해요. 그 뿐만이 아니라 거울을 통해 자신의 모습을 보는 것도 두려워하죠. 만약 향이가 그런 행동을 고치지 않는다면 결국엔 자기 자신이 누구인지 모르게 되고 말 거예요. 그러면 향이는 어떻게 해야 할까요? 다른 사람이 자신에 대해 어떻게 생각하고 있는지, 왜 그런 생각을 하게 되었는지를 들을 수 있어야 하겠지요?

삼중이는 어떤 아이일까요? 메아리처럼 다른 사람 말을 따라 하기만 하죠? 그래서 자신이 생각하고 원하는 바를 표현하지 못하는 거죠. 다른 사람과 대화를 하지 못한다면 아무래도 친구를 만들기 힘들 거예요. 그렇다면 삼중이는 어떻게 해야 할까요? 다른 사람 말을 듣기만 하는 게 아니라 자신의 말을 할 수 있어야 해요.

향이와 삼중이가 이런 점을 고친다면 의사소통을 원활하게 할 수 있을 거예요. 그러면 훨씬 더 좋은 친구가 될 수 있겠죠?

여러분들은 어떤가요? 친구들과 의사소통을 잘 하나요? 혹시 여러분은 남의 말을 듣지 않고 자기 말만 하려고 하지는 않나요? 혹시 여러분은 남 말만 앵무새처럼 따라하지는 않나요? 그렇지 않으면 남들과 이야기를 하지 않고, 혼자서만 있지 않나요? 다른 사람 말을 듣기도 하고, 자기 말을 하기도 하면 아마 여러분은 많은 친구들과 재미있게 지낼 수 있을 거예요. 그리고 매일 거울을 보듯이, 다른 사람이 여러분을 어떻게 생각하는지도 고민해 보세요. 그러면 하루하루 성숙해지는 여러분을 발견할 수 있을 거예요.

2

도구적 합리성과 의사소통적 합리성

문제는 가치, 규범, 의사소통 과정을 통한 사회통합과 필연적으로 결합된 삶의 영역을 경제와 행정이라는 독자적 하위체계의 명령으로부터 지켜내는 것이다.

— 하버마스

1 바다로 놀러간 아이들

통유리 창 너머로 넓게 펼쳐진 바다를 보며 아이들은 탄성을 내질렀어요. 짐부터 풀고 놀자며 엄마들이 설득하지 않았다면 금방이라도 모래사장 위로 내달릴 기세였지요.

"아이들이 이렇게 좋아할 줄 알았으면 빨리 올 걸 그랬어요."

진희엄마가 오랜만에 활짝 웃으며 말했어요. 그동안 병원과 집을 왔다 갔다 하느라 쉴 틈이 없었거든요. 아이들도 아이들이었지만 엄마들도 휴식이 필요했던 것 같아요. 다들 고개를 끄덕이며 동의했죠.

"그래도 좋은 의사선생님을 만나 얼마나 다행인지 모르겠어요. 병원 규칙 때문에 허락 못한다고 하면 어쩔 수가 없잖아요."

"맞아요. 아이들을 진심으로 위하는 선생님인 것 같아요. 그런 분을 만나기도 힘든데……."

짐을 풀면서 엄마들은 의사선생님을 칭찬했어요. 그저께 향이엄마가 아이들을 데리고 바닷바람을 쐬러 가면 어떻겠냐고 건의했을 때까지만 해도 병원 측에서 허락을 안 할까봐 걱정했거든요.

"엄마, 이제 나가도 돼?"

이상하게 자신만 졸졸 따라다니는 삼중이는 앵무새처럼 말을 따라 하기만 하고, 진희는 손잡이를 잡고 안으로 당기면 되는 화장실 문을 열지 못해서 징징거렸으며, 재영이는 그런 진희에게 시끄럽다고 소리만 지르고 있었기에 향이는 심심해서 견딜 수가 없었어요. 그러나 엄마는 "조금 이따가!"라고만 대답했죠.

"조금 이따가 언제? 지금 가. 지금."

"엄마, 화장실!"

향이는 엄마 옷깃을 잡고 조르다가 곧 진희가 버럭 소리를 지르는 바람에 깜짝 놀라서 엄마 뒤에 숨어 버렸어요. 대부분 화장실에는 커다란 거울이 붙어 있잖아요. 진희엄마는 결국 화장실 문을 열어 줄 것이고, 열린 문틈으로 거울을 보게 될까 봐 겁이 난 거죠.

"큰일이네. 나중에 소변 마려우면 어떻게 하니?"

향이엄마는 걱정스럽게 말했어요. 사실, 향이는 학교에 다니는 동안에도 화장실에 갈 일이 있으면 꾹 참고 있다가 집에 와서야 화장실에 갔었거든요. 집에 있는 화장실에는 거울을 다 떼 놓았기에 아무 걱정 없이 사용할 수 있었어요. 그리고 병원에서도 의사 선생님 지시로 향이가 이용하는 화장실 거울은 다 떼어 놓았죠. 그러나 이렇게 밖으로 나왔을 때에는 화장실을 사용하는 게 큰 문제였어요.

"아무래도 눈을 가리고 들어가야겠다."

향이 표정이 눈에 띄게 어두워지자 엄마는 향이를 안심시키기 위해 농담처럼 말했어요.

"이제 나가 놀아도 될 것 같은데요."

재영이엄마가 주위를 둘러보며 말했어요. 화장실에 들어가 있던 진희도 나와 있었고, 삼중이와 재영이도 언제 갈아입었는지 편한 옷을 입고 있었어요.

"그러네요. 자, 그러면 가 볼까요?"

삼중이엄마가 그렇게 말하자 아이들은 앞 다투어 신발을 신더니 누가 먼저라고 할 것 없이 문밖으로 뛰어나가는 거예요. 서로 친하게 지내기보다는 싸울 때가 많던 아이들이지만 바다에 놀러온 건 아주 좋았던가 봐요. 엄마들은 그런 아이들을 바라보며 흐뭇하게 웃었어요.

2 조개껍질 목걸이

"뭐하는 거야?"

향이가 조개껍질을 줍자 삼중이도 그 옆에서 따라 줍고 있었어요. 조금 떨어진 곳에서는 재영이가 아이 답지 않게 팔짱을 끼고 바다를 바라보고 있었고요. 그 사이에서 자기 엄마 옆에만 붙어 있던 진희이가 향이에게 다가와 물었어요.

"엄마가 목걸이 만들어 준대."

"목걸이 만들어 준대."

향이는 삼중이를 흘겨보았지만 예전처럼 화를 내지는 않았어요.

"나도 주워야지."

진희도 그 옆에 쪼그리고 앉아 모래를 바라보았죠. 그런데 아무리 봐도 조개껍질을 찾을 수가 없었어요.

"모래를 이렇게 싹싹 헤집어 봐. 그래야 보이지."

향이가 언니답게 가르쳐 주었어요.

"이렇게?"

"아니 좀 더 세게."

진희 손을 잡고 향이가 모래를 헤집어 줬어요. 처음에는 머쓱해하던 진희도 향이가 하는 대로 가만히 내버려 두었어요. 그러자 모래 속에 숨어 있던 조개껍질 몇 개가 눈에 띄었어요.

"우와! 찾았다. 재영이 오빠, 여기 와 봐. 조개껍질 줍자."

진희는 재영이를 불렀어요.

"너네나 많이 주워."

말은 그렇게 하면서도 재영이는 살짝 눈치를 보더니 그 자리에 슬며시 쪼그리고 앉았어요. 조금 떨어진 곳에 있었지만 향이는 재영이가 조개껍질을 줍고 있다는 걸 알 수가 있었죠.

"재는 진짜 왜 저러냐?"

으흥~
바보

향이가 투덜거리자 삼중이도 따라 투덜거렸어요.

"오빠가 말은 저래도 착한 것 같아."

진희가 조심스럽게 말했어요.

"착하긴. 착한 놈이 만날 소리나 질러대니?"

"그거야……."

할 말이 없어진 진희는 웅얼거리다가 말고 열심히 조개껍질만 찾았어요. 그러다 서너 개 정도 찾아서는 자기 엄마에게 달려가 주고 오는 거예요. 그리고는 다시 헐떡거리며 뛰어와서 조개껍질을 줍기 시작했어요.

"파도 소리가 좋다."

"좋다."

향이와 삼중이가 말하는 동안 진희는 조개껍질을 서너 개 더 주워서는 다시 자기 엄마에게 달려가 주고는 돌아왔어요.

"왜 그렇게 왔다 갔다 하니?"

이상하게 생각한 향이가 물었어요.

"손이 작아서 조개껍질을 몇 개 밖에 들 수가 없잖아."

"너도 참."

"너도 참."

향이는 옆에서 자기 말을 따라 하는 삼중이의 이마를 장난스럽게 툭 쳤어요.

"아야."

"어? 말했다. 삼중이!"

"흥. 그런 것도 말이냐?"

재영이가 큰 소리로 투덜거렸어요. 멀찌감치 있어도 대화 내용은 다 듣고 있었나 봐요.

"잘 봐. 윗옷에 담아서 한번에 가면 돼."

향이는 자기 윗옷을 그릇처럼 말아 올려 그동안 주워둔 조개껍질을 담았어요. 옆에서 삼중이도 그렇게 했죠. 그리고 둘은 각자의 엄마에게 갖다 주었어요.

"봤지? 이렇게 하면 돼."

그리고 향이는 다시 조개껍질을 줍기 시작했어요. 목걸이뿐만 아니라 팔찌까지 만들어 달라고 할 참이었거든요. 그런데 진희는 조개껍질을 두 개 정도 찾더니 또 자기 엄마에게 달려가서는 숨차게 돌아오는 거예요. 그러기를 몇 번 반복하는 동안 향이도 별 말 하지 않고 그냥 무시해 버렸어요.

"칫. 가르쳐 줘도 몰라? 그래 봤자 저만 힘들지."

"힘들지."

"너도 마찬가지야. 내 말만 따라 하면 힘들지 않아?"

"않아?"

"아이고. 머리야. 애들이 전부 왜 이래?"

"왜 이래?"

향이는 입을 꾹 다물고 그냥 조개껍질만 줍기로 했어요.

한참을 그렇게 줍다 보니 조개껍질을 많이 모을 수가 있었어요. 향이는 자기 윗도리에 조개껍질을 잔뜩 담아서는 배불뚝이처럼 팔자걸음을 걸었어요. 삼중이도 물론 향이를 따라 배불뚝이가 되었고요. 혼자 노는 것이 좋다고 고집을 피웠던 재영이까지 배불뚝이가 되어 버렸어요. 아이들은 한껏 배를 내밀고 누가 더 힘이 세나 내기하듯 서로 배를 부딪치기까지 했죠.

그 모습을 지켜보던 진희도 슬그머니 자기 윗옷을 그릇처럼 만들어 몇 개 밖에 없는 조개껍질을 넣어 봤어요. 조개껍질이 많지 않아 다른 아이들처럼 배불뚝이는 되지 못했지만 어쩐지 기분이 좋아졌어요. 계속 손에 들고 날랐다면 엄마에게 세 번 정도는 왔다 갔다 해야 했을 거예요. 그런데 옷에다 담는 방법으로 한번에 해결할 수 있다는 걸 깨달은 거죠.

"엄마, 많이 가져왔지?"

엄마에게 달려간 진희는 옷 안에 있는 조개껍질을 내보이며 자랑했어요.

"그러네? 우리 진희가 많이 가져왔네."

진희엄마는 진희의 머리를 쓰다듬으며 칭찬하셨어요. 그러자 진희는 다른 아이들 쪽을 쳐다보며 환하게 웃었어요. 스스로 생각해도 자신이 퍽 대견했나 봐요.

3 바비큐와 조개구이

멀리 내다보이는 바다는 캄캄해서 아무 것도 보이지 않았어요. 그래도 쉴 새 없이 밀려드는 파도소리 때문에 바다에 놀러와 있다는 사실을 실감할 수는 있었죠. 아이들이 나란히 앉아 활짝 열려 있는 창밖 바다를 바라보는 동안, 엄마들은 소파에 앉아 오늘 저녁은 무엇을 먹을까에 대해 의논하고 있었어요. 며칠 동안 병원 밥만 먹었던 아이들에게 맛있는 음식을 해 주고 싶었거든요. 사실 병원 밥은 영양식이기는 해도 그다지 맛있는 편이 아니잖아요.

"들고 온 고기가 많으니까 마당에서 바비큐 파티를 하는 건 어떨까요?"

삼중이엄마가 말했어요. 여행 오기 전에 엄마들은 장을 봤었거든요. 고기뿐만 아니라 과일과 채소도 듬뿍 구입했기 때문에 바비큐 파티를 해도 손색이 없다는 거예요. 그러나 진희엄마는 생각이 좀 다른가 봐요.

"그것도 괜찮네요. 그런데 이왕 바다까지 왔으니 밖에 나가서 해산물을 먹어도 좋을 것 같은데요. 어때요?"

"아이들이 회를 좋아할까요?"

이번에는 향이엄마가 물었어요. 사실 향이가 회를 잘 먹지 않기 때문에 그다지 마음에 드는 의견은 아니었거든요.

"회 말고도 조개구이 같은 것도 있잖아요."

"그러네요."

향이엄마는 고개를 끄덕이며 그렇게 말했어요. 도시에서 먹는 조개는 사실 좀 덜 싱싱하잖아요. 바다까지 왔으니까 싱싱한 조개구이를 먹는 것도 좋은 추억이겠다 싶었던 거죠.

"그래도 고기를 사들고 와서는 안 먹을 수도 없잖아요."

삼중이엄마가 그렇게 말하자 다른 엄마들도 그건 그렇다는 듯

조개구이 포장가능
전화 : XXX-XXXX
담배
ALOE

민박

고개를 끄덕였어요.

"그럼 오늘은 조개구이 먹고 내일 아침에 고기를 먹는 건 어떠세요?"

재영이엄마가 말했어요. 그러자 삼중이엄마가 난감한 표정으로 말했어요.

"아침에 고기는 좀 부담스럽잖아요. 게다가 바비큐 구이를 하려면 번잡스럽기도 하고요. 점심 전에 출발해야 하는데……."

"그러네요. 그럼 어떡하죠?"

재영이엄마는 바로 수긍했어요. 다른 엄마들도 어쩔까 하는 표정으로 잠시 말을 멈추고 각자 좋은 방법이 없는지 생각하기 시작했어요. 그때 향이엄마가 물었어요.

"애들이 먹고 싶은 걸 선택하도록 하는 건 어떨까요?"

"좋은 생각이에요. 그러는 게 좋겠네요."

재영이엄마가 먼저 대답했어요. 그리고 삼중이엄마와 진희엄마도 그렇게 하는 게 좋겠다고 동의했지요.

엄마들은 창가에 앉아 있는 아이들을 불렀어요. 그리고 향이엄마가 아이들에게 설명해 주었어요. 아이들은 머리를 긁적이며 서로를 쳐다봤어요.

"재미있겠지? 서로 의논하는 거야. 그런데 규칙이 있어. 왜 그렇게 해야 하는지 이유를 말해야 하는 거지. 어때? 할 수 있겠니?"

향이엄마는 정말 재미있는 놀이라는 점을 강조하며 그렇게 물었어요.

"응. 우리가 결정하는 대로 엄마들이 따른다는 거지?"

"하하. 그래. 엄마들이 너희들 말에 따르는 거야."

"해 볼래."

향이가 그렇게 대답하자 옆에 서 있던 삼중이도 똑같이 말했겠죠? 언제나 그렇듯이 말이에요. 진희와 재영이도 알겠다고 대답했어요. 그리고 아이들은 저녁에 무엇을 먹어야 좋을지 의논하기 시작했어요. 엄마들은 아이들이 의견을 나누는 동안 지켜보기로 했고요.

"고기 먹을래."

제일 처음 말한 건 재영이었어요.

"조개구이는 먹어 봤니? 여기까지 왔으니까 그런 거 먹어 봐도 재미있을 것 같은데?"

향이가 그렇게 말했지만 재영이는 계속 같은 말만 했어요.

"고기 먹을래."

"네가 삼중이냐? 같은 말만 하고 있게."

향이가 톡 쏘아 붙였어요.

"나는 두 개 다 먹고 싶은데……."

진희가 조심스럽게 대화에 끼어들었지만 목소리가 작아서 다른 아이들은 미처 듣지 못했어요.

"재영아, 아까 엄마 말 못 들었어? 고기를 먹어야 하는 이유도 말해야 하잖아."

"그냥 고기 먹고 싶어. 조개구이는 싫어."

"야, 그렇게 말하면 어떻게 하냐? 그럼 의논이 아니잖아."

"고기 먹어."

"너는 내 말은 듣고 있지도 않구나? 참, 내. 삼중아, 너는 뭐가 좋아?"

향이는 삼중이에게 불쑥 물었어요. 삼중이가 자기 생각을 잘 말하지 않는 아이라는 걸 순간 잊어버렸던 거죠.

"둘 다."

삼중이가 대답했어요. 순간 삼중이엄마는 손으로 입술을 가렸어요. 바로 옆에 앉아 있던 진희엄마가 흐뭇하게 웃으며 삼중이엄마 어깨를 토닥거려 주었지요.

"둘 다 할 수가 없잖아. 바비큐 파티는 정원에서 해야 하고, 조개구이는 나가서 먹어야 한단 말이야. 저녁을 두 번이나 먹으면 배가 터져 죽어 버릴 걸."

"그럼 안 되는데."

울상이 된 진희가 말했어요.

"괜찮아. 그럴 일은 없으니까. 언니가 화가 나서 하는 말이야."

향이엄마가 웃으며 말했어요. 그리고 나서도 아이들끼리 계속 대화를 나누었지만 여간해서 결정이 나지 않는 거예요. 더 있다가는 저녁 시간이 지나버리겠다고 엄마들끼리 속닥거렸어요. 그때 누군가가 문을 두드렸어요.

"누구세요?"

삼중이엄마가 문 가까이 가 물었죠.

"여기 주인인데, 이불을 좀 더 가지고 왔어요."

삼중이엄마가 문을 열어 주자 뚱뚱한 아줌마가 이불과 베개를 들고 서 있는 거예요.

"부족할 것 같아서요."

"고맙습니다."

"저녁들은 다 드셨어요? 오늘 정원을 사용하신다더니……."

“아직요. 원래는 정원에서 바비큐 파티를 할 계획이었는데, 조개구이를 먹으러 나가도 괜찮을 것 같아서요. 그래서 뭘 먹으면 좋을까 의논 중이었어요.”

“저런. 배고프시겠다.”

“애들이 배고플까 봐 걱정이죠.”

“그런데 꼭 조개구이 집에 가셔서 드셔야 해요?”

“네?”

“해변에 가 보면 조개를 포장 판매하는 데도 많거든요. 사 들고 와서 바비큐 구울 때 같이 구워도 괜찮을 텐데.”

“어머, 그래요? 저희는 식당에 가야만 조개구이를 먹을 수 있는 줄 알았어요. 아주머니 덕분에 두 가지 다 먹을 수 있겠네요.”

“그럼 저녁 맛있게 드세요. 필요하신 게 있으시면 일층 제일 왼쪽에 있는 방으로 찾아오시면 돼요.”

뚱뚱한 아줌마를 배웅한 뒤 삼중이엄마는 사람들이 있는 쪽으로 돌아 봤어요.

“다 들었죠? 바비큐와 조개구이, 둘 다 먹을 수 있어요.”

아이들은 환호성을 질렀어요. 고기만 먹겠다고 고집을 피운 재영이까지도요. 어쨌든 더 이상 고민하지 않아도 되는 거죠. 둘 다

먹을 수 있는 방법이 생겼으니까요.

엄마와 아이들은 그 날 저녁 정말 맛있는 저녁을 먹었겠죠? 도시에서 볼 수 없는 수많은 별이 보석처럼 박혀 있는 하늘을 바라보면서요. 담장 너머 끝없이 펼쳐진 바다에서 들려주는 파도소리를 들으면서요.

도구적 합리성과 의사소통적 합리성

여러분, '합리적' 이라는 말을 아나요? 흔히 합리적이라는 단어는 '누구누구는 참 합리적이야, 그런데 누구누구는 그렇지 않아' 등 사람들 행동 방식을 평가할 때 사용합니다. 국어사전에 따르면 '이치에 맞게 행동하는 상태' 를 '합리' 적이라고 합니다. 그럼 이치에 맞게 행동한다는 말이 무슨 뜻일까요?

하버마스는 이치에 맞는 행동을 두 가지로 구분해요.

첫째, 우리는 어떤 사람이 목적 달성을 위한 최선의 수단이나 방법을 선택하는 행동이에요. 다시 말해 정해진 목적을 달성하는데 적합하게 행동한다면 이치에 맞고, 그렇지 못한 행동은 이치에 맞지 않다는 겁니다. 어떤 사람이 100미터 달리기를 할 때 장화를 신고 나온다면 그 사람은 이치에 맞게 행동하지 못한 거예요. 우리는 그 사람이 이상하다고 생각하겠죠?

진희는 이치에 맞게 행동하나요? 다시 말해 합리적인가요? 그렇지 않아요. 왜냐하면 진희는 누구나 쉽게 열 수 있는 문을 열지도 못하고, 조개껍질을 나르는 데에도 보다 좋은 방법을 쓸 줄 모르기 때문입니다.

하버마스는 이렇게 목적 달성을 위해 최선의 수단이나 방법을 선택하는 행동 방식을 합리적이라고 합니다. 목적 달성을 위해 가장 효과적인 도구를 쓴다는 점에서 특별히 '도구적 합리성'이라고 말하기도 해요.

둘째, 우리는 어떤 사람이 단지 자기주장만 하거나 제멋대로 행동하지 않고, 적절한 이유를 대가며 남을 설득하려고 할 때 합리적이라고 해요. 다시 말해 다른 사람과 대화할 때 아무런 이유도 대지 않으면서 이렇게 해라 저렇게 해라 명령만 하거나 자기주장만 반복하는 사람은 이치에 맞게 행동하는 사람이 아니라는 겁니다. 자신이 왜 그렇게 생각하는지 차근차근 설명하고 설득하는 것이 이치에 맞는 행동입니다. 이렇게 하는 이유는 사람들 사이에 합의를 도출해서 갈등을 막기 위함입니다.

재영이는 어떤 아이일까요? 재영이는 합리적이라고 말할 수 없습니다. 왜냐하면 자기 고집만 피우고 다른 사람 말을 듣지 않으려 하기 때문이에요. 그러면 엄마들은 어떨까요? 어떻게 하면 맛있는 저녁을 먹을 수 있을까 서로 의논하죠? 엄마들은 저녁메뉴를 무얼 먹을지, 또 어떻게 결정할지를 놓고 각자의 의견을 이야기합니다. 그것도 무작정 주장하는 것이 아니라 타당한 이유를 들면서요. 타당한 이유를 제시하고 자신 의견을 말하는 사람은 합리적이라고 할 수 있습니다. 왜냐하면 다른 사람이 납득할 수 있게 설명하기 때문이죠. 그래야만 합의를 도출할 수 있답니다.

하버마스는 이렇게 자신이 왜 그렇게 생각하는지, 왜 우리가 그렇게 해야 하는지 그 이유를 설명하면서 다른 사람을 설득하려는 행동 방식을 '의사소통적 합리성' 이라고 합니다.

사람들은 다양합니다. 어떤 사람에게는 도구적 합리성이 발달되어 있고, 또 어떤 사람에게는 의사소통적 합리성이 발달되어 있답니다. 그러나 독자 여러분은 상황에 따라 다르게 행동할 수 있어야 해요. 목적 달성을 위해 최선의 방법을 쓰는 도구적 합리성뿐만 아니라, 다른 사람과 의견을 교환하고 합의를 해 나가는 의사소통적 합리성 또한 발휘해야 한다는 거예요.

3

합의가 세상을 바꾼다

1. 피에로 아저씨의 선물
2. 거울아, 거울아. 내가 누군지 말하지 마
3. 약속

이상적 담화상황에서 논증적으로 산출된 합의가 각각의 주제화된 타당성 요구를 해결하는 기준으로 간주되어야 한다.

— 하버마스

1 피에로 아저씨의 선물

여행을 다녀온 이후로 아이들은 서로에 대해 관심을 가지기 시작했어요. 그래서 예전처럼 싸우기 보다는 대화를 나누거나 함께 노는 시간이 많아졌죠. 아이들이 가장 좋아하는 장소는 피에로 아저씨가 있는 치료실이에요. 치료실에 가면 장난감뿐만 아니라 작은 미끄럼틀과 네 명이 한꺼번에 탈 수 있는 시소도 있었거든요.

그리고 무엇보다도 피에로 아저씨와 노는 것이 좋았어요. 피에로 아저씨는 늘 "어떤 놀이를 할까"라고 아이들에게 물어봐 주었어요. 그러면 아이들은 각자 놀고 싶은 걸 말하기 시작하는 거죠.

처음에는 의견이 다양해서 어떤 아이는 좋아하고, 어떤 아이는 삐지기도 했어요. 그럴 때마다 피에로 아저씨는 마술을 보여 줬어요. 텔레비전에서나 보았던 마술을 눈앞에서 직접 보게 된 아이들은 좀 전에 무슨 일로 싸웠는지도 잊어요.

그런데 정말 이상한 일은요. 마술이 끝난 후 다시 의견을 나눌 때는 주장을 무작정 내세우기 보다는 차근차근 이유를 대며 말하게 되는 거예요. 그러면 대체로 뭘 하고 놀아야 할지 결정이 나죠.

오늘도 그랬어요. 바로 몇 분 전에도 아이들은 시소를 탈까 미끄럼틀을 탈까 의견 차이로 인해 다투었어요. 가만히 지켜보던 피에로 아저씨가 갑자기 두 손을 들었어요.

"우와, 장미다."

먼저 발견한 진희가 소리쳤어요. 다른 아이들도 쳐다봤어요. 정말로 피에로 아저씨의 두 손에서는 노란 장미가 활짝 피어 있었어요. 방금 전까지 아무 것도 없었던 그 손에서 말이죠.

"노란 장미가 무슨 의미인지 아니?"

피에로 아저씨가 물었어요.

"꽃이요."

피에로 아저씨가 뭘 물어보는지 그 의도를 알지 못한 재영이가 큰 소리로 말했어요.

"그래. 꽃이야. 그런데 꽃말이 있단다. 꽃말이 뭘까?"

"그런 걸 어떻게 알아요? 꽃이 꽃이지."

재영은 또 우기기 시작했어요. 복잡한 질문은 딱 질색이라는 듯 말이죠.

"우정이야."

그런데도 피에로 아저씨는 짜증 한 번 내지 않고 말했어요.

"우정요?"

아이들은 이상하다는 듯 되물었어요.

"응. 우정. 너희가 지금 나누고 있는 거."

아이들은 서로의 얼굴을 쳐다봤어요.

"그러니까 우리가 친구라는 건가요?"

향이가 물었어요.

"그렇지. 다 함께 놀고 있으니까. 나도 너희의 친구고, 너희도 내 친구야. 친구끼리 사이좋게 지내려면 어떻게 해야 할까?"

아이들은 잠시 머뭇거렸어요. 한 병실에서 많은 시간을 보냈지만 그런 생각을 별로 해 본 적이 없었거든요.

이야아
우오오
요~
와아아

"서로의 말을 들어주고 서로의 마음을 이해해 주는 것."

피에로 아저씨가 말했어요.

"말을 들어주고 이해하는 거요?"

향이가 다른 사람의 말을 따라 하는 삼중이처럼 따라 말했어요.

"이해하는 거요?"

삼중이가 옆에서 또 따라 말했고요.

"이해하는 거요?"

그게 재미있어 보였는지 진희도 따라 말했어요.

"이해하는 거라잖아."

재영이는 따라 할 듯이 말을 시작해 놓고는 갑자기 끝에서 소리를 질러댔어요.

"너희는 친구니까 서로의 마음을 이해할 수 있는 거야."

"우리가요?"

향이가 물었어요.

"매일 싸우는데."

진희는 옆에서 우물거렸죠.

"그래도 너희는 늘 함께 있잖아. 싸우기만 하고 싫어한다면 서로 얼굴도 보지 않으려고 할 텐데. 게다가 나와 한 약속도 지켰잖아.

한 명도 빠지지 않고."

"무슨 약속을요?"

"벌써 잊어버렸니? 바다에 놀러가서 다 던져버리고 왔구나."

"무슨 약속요!"

궁금한 건 잘 참지 못하는 재영이가 물었어요. 그런데 재영이는 말할 때마다 소리를 질러대기 때문에 꼭 싸움을 거는 아이 같아서 진희가 깜짝 놀라는 거 있죠? 향이는 그런 진희 어깨를 한 번 토닥거려줬어요.

"매일 빠지지 않고 여기에 놀러 오면 인형을 준다고 했던 거 기억나지 않니?"

"아!"

아이들은 누가 먼저라고 할 것도 없이 소리쳤어요. 그리고는 확 밝아진 얼굴로 아저씨의 다음 말을 기다렸죠.

"너희는 나와 한 약속을 지킨 거야. 그러니까 나도 너희에게 한 약속을 지켜야겠지. 잠깐만."

피에로 아저씨는 구석에 있는 큰 박스를 들고 왔어요. 아이들은 들뜬 마음으로 아저씨 행동을 지켜보았죠. 큰 박스 안에는 뭐가 있을까? 크리스마스도 아닌데 선물 박스를 열어 볼 수 있다니.

뭐, 이런 생각을 하느라 가슴이 두근거렸어요.

"기대하시라! 짜잔."

피에로 아저씨가 박스를 열자 아이들이 우르르 몰려가 박스 안을 들여다보았어요. 그 안에는 짱구 인형처럼 손가락에 끼워서 가지고 노는 인형, 여러 개의 줄이 달려 있는 인형 등이 있었어요. 뿐만 아니라 반짝반짝 빛나는 물건들 사이에 사과와 메론 같은 과일이 있는 거예요. 재영이가 사과 하나를 덥석 집어 들었어요. 다른 아이들이 말리기도 전에 입으로 가져가 깨물었죠.

"아! 이게 뭐야?"

사과를 베어 물던 재영이가 소리를 지르며 집어던졌어요.

"진짜 사과가 아니야. 소품이지."

피에로 아저씨가 재미있어 죽겠다는 듯 웃었어요. 다른 아이들도 따라 웃었죠. 사실 재영이가 화를 낼까 봐 은근히 걱정이 되었던 향이는 고개를 숙이고 소리 없이 웃었어요. 그런데 재영이는 아무렇지도 않은 듯 다시 박스를 뒤지기 시작하는 거예요.

"와! 이것 봐라."

또다시 무언가 재미있는 물건을 발견했는지 재영이가 아이들에게 말했어요.

"내가 이상하게 보여."

재영이는 손에 들고 있는 물건을 뚫어져라 쳐다보았어요.

"오목거울이야. 네 얼굴이 크게 보이지?"

피에로 아저씨가 그렇게 말하자 향이는 움찔했어요. 거울이라는 말만 들어도 무서웠던 거예요.

"눈이 커졌어요."

재영이는 오목거울을 이리저리 기울여 보며 깔깔 웃었지만 향이는 앉은 채로 슬금슬금 물러났어요.

"그럼 이건요?"

이번에는 진희가 무언가를 들고 물었어요.

"내 얼굴이 작게 보여요."

"볼록거울이란다. 실제 모습보다 작게 보이지."

한 개도 아니고 두 개나 되는 거울이 바로 앞에 있다고 생각하니 향이는 참을 수가 없었나 봐요. 그래서 벌떡 일어났어요.

"언니, 봐. 얼굴이 진짜 작다."

그때 진희가 불쑥 볼록거울을 내밀었어요. 그 순간 향이는 어찌나 놀랐던지 그만 고함을 지르고 말았죠. 그러나 가만 보니 볼록거울 속에 비친 자신의 모습이 무섭지가 않았어요. 거울이라고 다

같은 거울이 아니었던가 봐요. 향이는 조심스럽게 볼록거울을 받아서는 자신의 얼굴을 이리저리 비춰 봤어요. 그러다보니 거울을 보는 게 무섭지 않을 수도 있겠다는 생각이 들었어요.

"이건 그냥 거울이네? 이런 것도 마술할 때 사용해요?"

진희는 박스 안에서 다시 평면거울을 꺼내어 들고 물었어요.

"어. 그건 내가 얼마나 잘 생겼는지 보려고 둔 거지."

피에로 아저씨는 웃으며 말했어요. 그러자 재영이가 예의 없이 말했어요.

"아저씨는 이상하게 생겼는데요?"

그 말을 들은 아이들이 모두 킥킥대며 웃었어요. 정말 피에로 아저씨는 이상하게 생겼거든요. 알록달록한 모자 밑으로 나온 곱슬머리는 노란색, 동그랗게 툭 튀어 나온 코는 빨간색에, 커다란 입은 귀밑까지 찢어져 있었어요.

"언니, 봐. 공주님 거울같이 예쁘게 생겼어."

진희는 그렇게 말하며 향이에게 또 다시 불쑥 거울을 내밀었어요. 반사적으로 받아든 향이는 거울 속에 있는 자신의 얼굴을 보게 되었어요. 뒤이어 향이 얼굴이 하얗게 질렸어요. 거울을 잡고 있는 손이 부들부들 떨리는 거예요. 뒤늦게 상황을 파악한 피에로 아저씨가 향이 손에서 거울을 빼앗았지만 소용이 없었어요. 처음에는 말도 못하고 떨기만 했던 향이가 결국에는 듯 날카로운 비명을 질러대기 시작했거든요.

"시끄러워!"

재영이가 구석으로 달려가 양쪽 귀를 틀어막고 소리를 질러댔어요. 어쩔 줄 몰라 하던 진희는 울음을 터뜨렸고요. 삼중이는 향이 손을 잡고 뭔가를 말하려고 입술을 달싹거렸어요. 그러나 결국 아무 말도 하지 못했어요. 만약 그때, 향이가 삼중이 얼굴을 봤다면 무슨 말을 하고 싶어 하는지 알 수도 있었을 거예요. 자기 일처럼 마음 아파하며 향이를 쳐다보는 삼중이 두 눈에 눈물이 그렁그렁 맺혀 있었거든요. 피에로 아저씨는 향이를 안정시키기 위해 "이 세상에 있는 거울을 모두 사라지게 하는 마술을 보여 주겠다"고까지 했지만 소용이 없었어요.

비명을 지르며 몸부림을 치던 향이는 자신 손을 잡고 있는 삼중이를 뿌리치고 문 쪽으로 달려갔어요. 순식간에 일어난 일이라 피에로 아저씨와 삼중이는 향이를 붙잡지 못했어요. 그래도 곧 향이 뒤를 쫓아 일어서는데 문을 열다 말고 향이가 픽 쓰러지는 모습이 보이는 거예요.

"향아!"

삼중이가 소리쳤어요. 다른 사람 말만 따라하던 삼중이가 처음으로 자신 이름을 불러 줬지만 향이는 들을 수가 없었어요.

2 거울아, 거울아. 내가 누군지 말하지 마

향이는 자신을 둘러싼 네 명의 아이들을 외면했어요. 아무 말도 하지 않고 책가방만 챙겼어요. 그러면서도 무언가 이상하다는 생각을 했어요. 병원에 입원해 있었던 것 같은데 언제 학교에 왔는지 아무리 생각해도 기억이 안 나는 거예요. 더군다나 지금 같은 일은 예전에도 한 번 경험한 적이 있었거든요. 꿈일까? 향이는 그렇게 믿고 싶었어요. 그런데 키가 큰 아이의 목소리가 또렷이 들렸어요.

"야, 진짜 할 말 없어?"

향이는 속으로 생각했어요.

'꿈이라면 이렇게 생생할 수 없잖아. 꿈이 아니야.'

"무슨 소릴 하는 거야?"

키 큰 아이가 향이 머리를 한 대 쥐어박으며 말했어요. 아프지는 않았어요. 그 보다는 자기가 속으로 한 말을 다른 아이들이 듣고 있다는 게 더 놀라왔어요.

"얘, 또 선생님한테 일러바치는 거 아니야? 고자질쟁이잖아."

키가 큰 아이가 그렇게 말하자 아이들이 킥킥거렸어요. 향이는 아무 대꾸 없이 벌떡 일어났어요.

운동장에 나가 체육 수업을 받는 동안 누군가가 향이 신발을 숨겨 버린 것 같았어요. 그 때문에 향이는 한참이나 신발을 찾아 다녀야 했어요. 신발을 찾고 나니 날은 벌써 어두워지고 교실에는 아무도 남지 않았죠. 그런 기억이 떠오르자 향이는 지금 상황이 꿈이 아니라고 믿어 버렸어요. 꿈이라기엔 아주 생생했거든요.

그렇다면 이제 아이들을 피해 빨리 도망을 쳐야 했어요. 선생님도 퇴근해 버린 학교에서 무슨 일을 당하기라도 한다면 도와줄 사람은 아무도 없을 테니까요.

"어딜 가?"

처음에는 아이들이 다 막아설 거라 생각하고 각오를 단단히 했는데 의외로 아무도 붙잡지 않았어요.

"너 정말 그러는 거 아니다. 사과라도 해야 할 거 아니야?"

키가 큰 아이가 뒤에서 소리쳤어요. 문을 열고 나가기만 하면 되는데 향이는 그럴 수가 없었어요. 뒤돌아보지도 못하고 가만히 서 있기만 했어요.

"가영이는 너 때문에 야단맞았어. 아무 잘못도 없었는데. 그런데도 아무렇지도 않아?"

그제야 향이는 아이들 쪽으로 고개를 돌렸어요. 키 큰 아이가 말하는 동안 옆에서 자신을 노려보고만 있던 가영이와 눈이 마주쳤어요. 향이는 가영이에게 쏘아 붙였어요.

"어째서 나 때문이야? 야단맞기 싫었으면 컨닝 따위 안하면 됐잖아."

"컨닝 안 했어."

"내가 봤단 말이야."

"뭘 봤는데?"

“지우개 줍다가 네가 책상 안 쪽지 꺼내는 거 봤어.”

“그게 뭐? 그게 어떻다고 쪼르르 달려가 선생님한테 고자질부터 했던 거냐? 고자질쟁이야.”

가영이가 소리쳤어요. 갑자기 열이 차올랐는지 가영이의 얼굴은 꼭 붉은 가면을 덮어씌운 것 같았어요.

“게다가 거짓말쟁이기까지 하지. 아무것도 본 것도 없으면서 보았다고 했으니까.”

씩씩거리느라 더 이상 말을 잇지 못하는 가영이를 대신해 키 큰 아이가 비아냥거렸어요.

“사실을 사실대로 말했을 뿐이야. 그게 뭐가 잘못 되었다는 말이야?”

“그래? 정말 쪽지에 있는 글씨까지 봤어? 뭐라고 적혀 있는지 봤니?”

“봤어!”

“거짓말쟁이. 너는 다른 사람 잘못을 고자질하기 전에 네 얼굴부터 봐야겠다.”

향이에게 가까이 다가간 가영이는 그렇게 말하면서 종잇조각 하나를 향이에게 던졌어요. 그리고는 교실 문밖으로 나가버렸죠. 그

뒤를 따라 가영이 친구들도 한 번씩 향이를 흘낏 노려보며 나가버렸어요.

빈 교실에 혼자 남은 향이는 바닥에 떨어진 종이를 집어 들었어요. 종이에는 '시험 잘 쳐' 라는 글씨가 쓰여 있었어요. 향이는 눈물이 날 것 같아서요. 정말이지 자신이 잘못한 게 아니라는 생각을 떨칠 수가 없는 거예요. 가영이가 던진 쪽지는 그때 본 것이 아닐 수도 있잖아요. 아이들이 자신을 속이기 위해 만든 쪽지일 수도 있다고 혼자서 중얼거려 보았지만, 스스로도 믿을 수가 없었어요. 향이는 정말 아무 잘못도 없는 가영이를 고자질한 것일까요? 그리고 쪽지 내용이 무엇인지도 모르고 컨닝 페이퍼라고 했으니, 향이는 거짓말쟁이가 맞는 걸까요?

향이는 울고 있었어요. 그런데도 자기가 울고 있는지 깨닫지 못했죠. 문을 통과해 나가다 말고 향이는 자신 얼굴을 보고 말았어요. 문 옆 벽에는 직사각형 거울이 반듯하게 걸려 있었거든요.

"나는 거짓말쟁이가 아니야."

향이는 그렇게 중얼거렸지만 거울 속에 들어가 있는 향이는 '아니야, 너는 거짓말쟁이에다 고자질쟁이야' 라고 말하고 있었어요.

"아니라니까!"

거짓말쟁이
사과해!!
고자질쟁이!!

향이 목소리가 빈 교실 안에 쩌렁쩌렁 울려 퍼졌어요. 되돌아오는 자신 목소리를 들으며 향이는 결국 소리 내어 울고 말았어요.

그렇게 울고 있는데, 어디선가 "향아, 향아" 하는 삼중이 목소리가 들렸어요. 고개를 든 향이는 주위를 둘러보았어요. 아무도 보이지 않는 거예요. 그런데도 "향아"라며 자신 이름을 부르는 삼중이 목소리는 사라지지 않았어요.

"삼중이니?"

향이가 중얼거렸어요.

"정신 차려, 향아. 괜찮아?"

눈을 뜬 향이는 침대 옆에 서 있는 삼중이와 눈이 마주쳤어요.

"무서운 꿈을 꿨니?"

향이는 고개를 끄덕였어요. 그러자 삼중이가 향이 이마를 짚으며 "괜찮아"라고 말해 줬어요. 그래서일까요. 향이는 다시 눈을 감았어요. 이번에는 아무 꿈도 꾸지 않고 편안하게 잘 수 있었죠.

3 약속

곤하게 자다 말고 눈을 뜬 향이는 그대로 누워 있었어요. 어젯밤 무언가 무서운 꿈을 꾸었고 삼중이가 옆에서 이마를 짚어 주었던 기억이 났는데, 도대체 어디까지가 꿈인지 알 수가 없는 거예요. 잠시 후, 삼중이가 있는 쪽으로 고개를 돌려 쳐다보니 침대가 텅 비어 있었어요.

"삼중이가 진짜 말했을까?

중얼거리며 향이는 일어나 앉았어요. 그러고 보니 다른 아이들

침대도 비어 있었어요. 그때 막 입원실 안으로 들어선 향이엄마가 향이를 부둥켜안으며 말했어요.

"깼어? 괜찮아? 우리 딸."

엄마 품에 안긴 채 두 눈만 깜박거리던 향이는 어제 치료실에서 쓰러진 일까지 기억했어요. 그러고 보니 엄마가 걱정을 많이 했겠구나 싶어 향이는 엄마 허리를 감싸 안으며 "응"하고 대답해 줬어요.

"그런데 다 어디 갔어?"

"치료실에."

"어? 벌써 네시야?"

"그래. 우리 잠자는 공주님이 얼마나 많이 잤는지 알겠지?"

"나도 갈래."

향이는 침대에서 내려와 급하게 신발을 신으며 말했어요.

"의사선생님이 오늘은 푹 쉬라고 하셨어."

"괜찮아. 푹 잤는 걸. 갔다 올게."

향이는 엄마가 말리는 것도 듣지 않고 뛰어 나갔어요. 어젯밤에 삼중이와 대화를 나눈 게 꿈인지 아닌지가 정말 궁금했거든요. 치료실에 들어서자마자 그것부터 물어볼 생각이었어요.

단숨에 뛰어간 향이가 치료실로 들어서기 전에 숨을 고르고 있는데 갑자기 문이 열리면서 삼중이가 나왔어요.

"어? 삼중아."

향이는 반갑게 이름을 불렀어요. 그런데 삼중이는 재빨리 문을 닫아 안에 있는 사람들이 보지 못하게 했어요. 그리고는 뒤돌아서서 향이의 이름을 불렀어요. 향이는 깜짝 놀라서 물었어요.

"어? 맞구나. 어젯밤에 네가 나 깨운 거 맞지?"

삼중이는 고개를 끄덕이면서 호주머니 속에 손을 집어넣고는 무언가를 꺼내 들었어요. 삼중이가 말하는 모습이 신기하기만 했던 향이는 별 생각 없이 쳐다보고만 있었죠. 그런데 삼중이는 어떤 물건을 들어 향이의 코앞까지 들이미는 거예요. 순간, 향이는 인형처럼 뻣뻣해져서는 물건에서 눈을 돌리지도 못하게 되어 버렸어요. 어떻게 거울이 자기 앞에 있는지 이해가 안 되는 거예요. 그리고 어떻게 거울을 치워야 하는지도 알 수 없었어요. 거울 속에 비친 얼굴은 하얗게 질려 있었어요. 소리를 내기는커녕 눈도 깜박거리지 못하는 얼굴은 마치 달걀귀신 같았어요.

"어, 어."

향이는 입술을 달싹거려 보았지만 신음소리만 났어요. 손가락

하나도 까닥할 수 없었어요. 얼굴을 돌려야 하는데 몸이 마음대로 움직여주지도 않았어요. 온 힘을 다 내어도 "치……" 하는 신음만 겨우 흘릴 수 있었죠. 그러면 삼중이가 알아듣고 거울을 치워 줄 거라 믿었어요. 그러나 오히려 삼중이는 향이 코앞까지 거울을 바싹 들이댔어요.

"아."

"치워줄 거야. 대신 나랑 약속할 게 있어."

향이는 삼중이가 무슨 말을 하고 있는지 알 수가 없었어요. 그 순간 향이는 거울에서 벗어나야 한다는 생각만 하고 있었거든요.

"약속할 거지?"

"어, 어."

"네 얘기를 해 줘. 매일 세 가지씩. 그럼 치울게."

향이는 삼중이가 거울을 치워주기만 한다면 무슨 약속이라도 할 수 있을 것 같았어요. 그래서 알겠다는 표시로 아주 힘겹게 고개를 까닥였죠.

"약속한 거다. 네 얘기 해 주기로?"

그제야 삼중이는 거울을 다시 자기 호주머니에 집어넣었어요. 거울에서 벗어난 향이는 병원을 뒤엎어 버릴 만큼 크게 비명을 내

지르고 싶었어요. 그러나 그럴 수가 없었어요. 향이는 더 이상 서 있을 힘도 없었거든요. 그 자리에 주저앉아서는 눈물이 그렁그렁한 눈으로 삼중이를 올려봤어요.

"미안해. 그래도 약속은 지켜야 해. 안 그럼 더 큰 거울을 보여줄 거야."

"너, 너. 착한 줄 알았더니 아주 못됐구나."

"약속해."

"알았어."

"알았어."

이제까지 말을 잘했던 삼중이가 또 다시 향이의 말을 따라했어요. 그리고는 조금 전과 달리 수줍은 듯한 표정으로 향이 손을 잡아 일으켜 세워 주었어요.

"너, 진짜 이상하다."

향이는 그렇게 말한 뒤 입원실 쪽을 향해 몸을 돌렸어요. 삼중이와는 더 이상 같이 있고 싶지 않았거든요. 다리에 힘이 풀려 느릿느릿 걷고 있는데 뒤에서 삼중이가 낮게 중얼거리는 소리가 들렸어요.

"약속했다."

그러나 향이는 뒤도 돌아보지 않았어요. 불공평한 상황이었지만 서로 합의 하에 그렇게 하기로 약속을 했기 때문에 어쩔 수가 없었어요.

진리합의설

여러분, '진리' 라는 말을 알죠? 사람들은 우리가 하는 말이 참일 때 이를 진리라고 합니다. 그런데 문제는 어떤 말이 참인가 하는 점이에요. 철학은 '진리란 무엇인가' 라는 문제를 다룹니다. 다시 말해 어떤 말이 참인가 하는 점에 대해 깊이 생각한다는 거예요. 이런 문제에 대한 대답으로 '진리대응설' 의 입장이 있습니다. 내가 하는 말이 실제로 존재하는 사물의 특성에 대응할 때 그 말이 진리라는 주장입니다.

예를 들어, 지금 여러분 앞에 빨간 사과가 있어요. 그리고 여러분이 "이 사과는 빨개"라고 말하면 이 말은 진리이고, 이를 파랗다고 말하면 거짓이라는 거예요. 왜냐하면 여러분 말에 대응하는 특성을 사과가 실제로 가지고 있기 때문입니다. 그런데 이 설명이 놓치고 있는 점이 있어요. "이 사과는 빨갛다"고 말할 때 우리는 무엇을 사과라고 하는지, 그리고 무엇을 빨갛다고 하는지를 알아야 합니다. 사과에 '나는 사과야.

그리고 빨간색이야' 하고 적혀 있는 것은 아니니까요. 무엇을 사과라고 부르는지, 무엇을 빨갛다고 말하는지는 이미 정해진 것이 아니에요. 사람들이 그렇게 하자고 합의한 것이에요.

더구나 사과는 채소가 아니라 과일이고, 빨갛다는 말이 크기가 아니라 색깔을 나타낸다면, 우리는 또 과일이 무엇이고, 색깔이 무엇인지를 알아야 합니다. 그리고 당연히 채소와 크기란 말이 무슨 뜻인지도 알아야겠지요. 만약 채소나 과일이 무엇인지 유전자를 통해 이야기하고, 색깔을 물체에서 반사된 빛의 파장을 가지고 설명한다면 문제는 점점 복잡해져요. 유전자와 빛에 대한 우리 지식이 총동원되어야 하기 때문이죠.

이렇게 지식이 복잡해지면 우리가 어떤 지식 체계를 가지고 있느냐에 따라 사람들이 당연하게 생각하는 말도 틀렸다고 할 수 있답니다. 예를 들어, "이 사과 자체가 빨갛다"는 말을 거짓이라고 할 수 있다는 뜻이죠. 왜냐하면 빨갛다는 말은 사과가 보는 사람과 관계없이 이미 가지고 있는 특성이 아니기 때문이에요. 사람들은 이것을 사과에 반사된 빛이 눈 망막을 자극하고 이것이 다시 시신경에 전달된 결과라고 주장할 수 있어요. 이렇게 되면 색깔은 물체와 빛과 관찰자, 이 3자 간에서만 존재하게 됩니다. 따라서 이런 지식 체계를 가지고 있는 사람에게 사과는 빨갛지도, 빨갛지 않지도 않답니다.

그렇다면 이제 어떻게 되는 것일까요? 사실 우리가 어떤 지식 체계를 가지고 있느냐는 우리 자신의 선택일 수도 있고, 그것을 옳다고 생각하는 것은 그것을 선택한 사람들 사이의 합의예요. 다시 말해 우리가 어떤 지식 체계에 합의하느냐에 따라 세상에 대해 서로 다르게 말할 수 있다는 거예요. 따라서 어떤 말이 진리인가 아닌가 역시 우리가 어떤 지식 체계에 합의하고 있느냐에 따라 달라질 수 있다는 뜻이죠. 이것을 '진리 합의설' 이라고 합니다.

무슨 말이냐고요? 참 어렵죠. 하지만 한 가지만 알아 두세요. 진리란 이미 정해져 있고 우리가 이것을 깨달아야 하는 것이 아니라, 모든 사람이 합의한 것을 진리라고 말할 수 있다는 점을 말입니다.

4

의사소통이란 무엇인가?

1. 누가 왕따를 시켜?
2. 이유를 말해 줘
3. 무슨 일이 있었니?

'의사소통 이성' 은 명제적 진리, 규범적 올바름, 주관적 진실성, 미적 조화에 대한 타당한 주장들을 직간접적으로 해결하기 위한 논증적 절차 속에서 드러난다.

— 하버마스

1 누가 왕따를 시켜?

피에로 아저씨는 뒤뚱거리며 큰 상자를 들고 왔어요. 이번에는 무엇이 있을까? 재영이와 진희는 상자 뚜껑을 여느라 삼중이가 밖으로 나가는 걸 미처 보지 못했지요. 그래서 아이들은 아저씨가 상자를 내려놓자마자 달려가서는 뚜껑부터 열었어요.

"우와!"

진희는 환호성을 질렀어요. 상자 안에는 갖가지 모양의 모자가 들어 있었거든요.

"아저씨한테 어울리는 모자를 골라 줄래?"

진희는 상자 속에 머리를 박다시피 하며 통이 큰 초록색 모자를 집어 들었어요.

"우와! 아저씨가 쓰기에는 무척 큰 것 같은데?"

아저씨가 두 눈을 동그랗게 떴어요. 진희는 아저씨 머리와 모자를 번갈아가며 쳐다봤어요. 노란 머리카락이 풍성하게 퍼져 있는 아저씨 머리에는 자신이 고른 모자가 딱 어울릴 것 같았거든요. 그래서 한 번 써 보면 아저씨도 좋아할 거라는 생각이 든 거예요. 그러나 아저씨는 한사코 고개를 저으며 자신에게 그 모자는 너무 크다고 했어요. 그래서 진희는 아저씨를 위해 다시 찾아보기로 했어요. 이번에는 좀 더 정성스럽게 고르느라 꽤 많은 시간이 걸렸어요.

"그럼 이거요."

진희가 내민 건 토끼 얼굴을 한 모자였어요. 모자 양옆으로는 토끼 귀가 길게 달려 있었죠. 아저씨가 쓰기만 하면 무지 귀여울 것 같았어요. 그런데 아저씨는 이번에도 고개를 저으며 자신이 쓰기에는 너무 작다는 거예요. 진희가 보기에는 아저씨에게 딱 어울릴 것 같은데 도대체 왜 작다고 하는지 알 수가 없었어요. 그래서 진희는 한 번만 써보라고 아저씨를 졸랐죠.

"자, 어때?"

토끼 모자는 아저씨 정수리에 흰 눈처럼 얹혔어요. 진희가 꾹꾹 누르기까지 했는데도 머리통에 들어가지 않는 거예요.

"아저씨 말이 맞지? 자, 다시 한 번 골라 주렴."

진희는 고개를 저었어요. 아저씨에게 맞는 모자를 또 찾지 못할까봐 걱정이 되었던 거죠. 그러나 아저씨는 괜찮으니까 한 번 더 찾아달라고 부탁했어요. 꼭 진희가 찾아주는 모자를 쓰고 싶다면서요.

"이거 어때요?"

진희가 한참을 고민하다 내민 물건은 파란 베레모였어요.

"그게 좋겠다. 진희가 씌워 줄래?"

피에로 아저씨가 무릎을 굽히고 진희에게 머리를 들이 밀었어요. 그러자 진희는 "제가요?" 하고 되물으면서도 기분 나쁘지는 않은 듯 까치발을 해서는 피에로 아저씨 머리에 모자를 씌워 주었어요.

"잘했다."

"헤."

칭찬을 들은 진희는 다른 아이에게도 자랑하고 싶었어요. 그런데 어디로 갔는지 삼중이는 눈에 보이지도 않고, 재영이는 문 쪽만 쳐다보고 있었어요.

"오빠."

진희가 불렀지만 재영이는 눈길도 돌리지 않았어요. 그런 재영이를 보고 피에로 아저씨가 물었어요.

"뭘 그렇게 쳐다보고 있니?"

그래도 재영이는 여전히 문만 쳐다보았어요.

"재영아."

피에로 아저씨는 다시 불렀죠. 그제야 재영이는 귀찮아 죽겠다는 표정으로 쓱 돌아보더니 퉁명스레 대꾸했어요.

"몰라도 돼요."

그리곤 다시 고개를 돌려 문 쪽을 노려보았어요. 그러자 피에로 아저씨는 재영이 앞으로 가 앉았어요.

"비켜요."

"내가 하는 말을 들으면 비켜 줄게."

"귀찮아. 빨리 말해요."

"재영이는 왜 이렇게 화가 나 있지?"

"화 안 났어요."

"그런데 내 눈엔 화를 내는 것처럼 보이는 걸. 여기는 즐겁게 노는 곳이야. 알고 있지? 그런데 그렇게 계속 화를 내고 있으면 재영이 뿐만 아니라 다른 아이들도 즐겁게 놀 수가 없잖아."

"알았어요. 알았어. 조용히 할 테니까, 아저씨도 조용히 좀 해요. 안 들리잖아."

재영이는 뜻을 알 수 없는 말을 하면서 피에로 아저씨 어깨 너머로 보이는 문에서 눈길을 떼지 않았어요.

"어른한테 그렇게 말하는 거 아니라고 했어. 우리 엄마가."

둘의 대화를 듣고 있던 진희가 제법 야무지게 말했어요. 재영이는 진희는 쳐다보지도 않고 주먹만 불쑥 내밀어 보였어요. 그 모습을 본 진희는 곧 울 것 같은 표정으로 소리쳤어요.

"오빠, 나빠!"

그러나 재영이는 진희가 안중에도 없었나 봐요. 잔뜩 찡그린 얼굴로 뭐라고 혼자 중얼거리더니 문 쪽을 향해 걸어가는 거예요. 그리고는 문 앞에 바싹 붙어서는 무언가를 엿들으려는 듯 귀를 들이댔어요.

"재영아."

으아아
넌 뭐야!!
화〈나〉
냉담
싫어!!
내버려둬!
조용히 해!
귀찮아
왜!
너나 잘하세요
대화

피에로 아저씨가 불렀어요.

"알았어요. 알았다니까요. 아저씨가 무슨 말을 하고 싶어 하는지 알았어요. 그러니까 나 좀 내버려 둬요. 조용히 좀 하라고요."

재영이는 낮은 목소리로 대답했어요. 피에로 아저씨는 뭐라 말하려다 말고 재영이를 잠시 지켜보았죠. 옆에 서 있던 진희가 피에로 아저씨의 옷자락을 잡아당겼어요. 그리고는 작은 목소리로 물었어요.

"무슨 일이에요?"

아저씨는 진희 귀에 대고 말해 줬어요.

"재영이에게 중요한 일이 생겼나 봐. 우리 기다려 주자."

그 말을 들은 진희는 고개를 끄덕였어요. 그리곤 아저씨의 귀를 살짝 당겨, "사실, 오빠가 나쁜 사람은 아니에요"라고 소곤거렸어요. 피에로 아저씨는 히죽 웃으며 진희 말이 옳다고 말해 주었죠. 그리고는 마치 로봇처럼 움직여 상자 가까이 다가갔어요. 그게 재미있어 보였던지 진희도 따라 움직였어요.

아저씨는 팔을 아주 천천히 움직여 상자 안에 있는 분홍색 고깔모자를 꺼냈어요. 그리고 다시 천천히 진희 머리에 씌어 주었죠. 진희는 킥킥 웃으며 재영이를 불렀어요.

"오빠! 이거 재미있어. 빨리 와 봐!"

"조용히 하라고 그랬잖아!"

재영이가 휙 돌아보며 소리를 버럭 질렀어요. 그리고는 더 이상 참을 수 없다는 듯 문을 벌컥 열었어요. 열린 문 앞에는 삼중이가 서 있었죠. 무언가를 골똘히 생각하는 듯 고개를 숙이고 있다가 문이 휙 열리자 깜짝 놀랐나 봐요. 재영이는 두 눈을 끔벅거리며 문 안쪽을 쳐다보기만 했어요.

"뭐야?"

재영이가 다짜고짜 물었어요.

"어, 어?"

"누구랑 있었어? 나만 빼놓고."

재영이는 당장이라도 달려들 기세로 들이댔어요.

"호, 혼자 있었어."

"거짓말 하지 마. 향이랑 있었지? 향이랑 무슨 말 했어? 나만 빼놓고."

"아, 아니야."

아주 당황한 삼중이는 문 안에 서 있는 피에로 아저씨에게 도와 달라는 눈짓을 보냈어요. 아저씨는 재영이 어깨를 잡으며 부드러운 목소리로 말했어요.

"재영아, 친구랑 싸우는 거 아니야. 둘 다 안으로 들어와."

그러나 재영이는 아저씨 팔을 뿌리치고는 소리를 질렀어요.

"아저씨나 안에 있어요!"

"오빠, 그러는 거 아니랬잖아."

피에로 아저씨 뒤에 숨어 있던 진희가 얼굴만 내밀고는 우물거렸어요. 그러나 재영이가 노려보는 바람에 머리카락 한 가닥도 보이지 않게 아저씨 뒤로 꼭꼭 숨어 버렸어요.

"재영아!"

누가 뭐라 하든 재영이 귀에는 아무 소리도 들리지 않았나 봐요. 입원실 쪽으로 뛰어가는 재영이를 아무도 붙잡을 수가 없었거든요. 그 뒤를 삼중이가 쫓아 뛰기 시작했어요.

"오빠들이 왜 그래요?"

그제야 삐죽 얼굴을 내민 진희가 걱정스럽게 물었어요.

"글쎄, 왜 그럴까?"

피에로 아저씨는 커다란 입을 귀 옆까지 올리며 되묻다가 갑자기 큰 소리로 웃기 시작했어요. 진희는 깜짝 놀라서 아저씨 얼굴만 멀뚱히 바라봤죠.

"재영이도 친구가 좋은가 보다."

"저렇게 화만 내는데요?"

"그래. 화만 내는데도."

진희는 피에로 아저씨 말을 이해할 수 없었는지 고개만 갸우뚱거렸죠. 하얀 토끼처럼 동그랗게 눈을 뜨고요. 그런데 갑자기 피에로 아저씨가 진희를 번쩍 들어 목 등에 태웠어요.

"우와!"

갑자기 키가 커 버린 진희가 복도 끝까지 내다보며 탄성을 질렀어요. 아저씨는 한 바퀴 빙그르르 돌며 진희를 즐겁게 해 줬어요.

"자, 우리도 재미있게 놀아 보자!"

벽 쪽으로 돌아누운 향이는 자는 척하고 있었지만 사실은 귀를 쫑긋 세워 어른들 대화를 듣고 있었어요. 놀이치료실에 있는 동안 엄마들은 무슨 이야기를 나눌까, 궁금했었거든요.

"그래도 진희아빠는 애교라도 있어 다행이네요. 그러니까 바로 화해할 수 있죠. 우리 재영이아빠는 사람이 얼마나 무뚝뚝한지 도통 말을 안 해요. 싸우지 않아도 싸우는 사람 같다니까요. 어쩌다 한다는 말이, '이거 가져와라, 저거 가져와라' 하는 정도니까요."

"아유, 재영이엄마가 착하네. 우리 향이아빠가 그러면 나는 '손이 없어, 발이 없어!' 하면서 화낼 것 같은데."

"세살 버릇 여든 가도 못 고친다고 그러잖아요. 애들이 따라 배울까 봐 겁난다고 말하는데 듣지를 않아요. 그저 자기 하고 싶은 말만 하지."

"재영이아빠도 우리 의사선생님한테 상담 좀 받아야겠어요."

"하하하. 진짜 그렇게 하라고 할까 봐요."

향이가 듣기에는 아빠 욕을 하고 있는 건데 엄마들은 뭐가 좋은지 키득거리며 웃고 있었어요.

"엄마, 어른들도 싸워?"

향이는 엄마 소매 자락을 끌어당겨 자신을 쳐다보게 만들었어요. 그리고는 작은 목소리로 물었죠. 그런데도 다른 엄마들 귀에 그 말이 다 들렸나 봐요.

"그럼. 어른들도 서로 이해하지 못할 때가 많단다."

"왜요?"

"다른 사람 마음을 이해하기 위해 대화를 해야 한다는 건 우리 향이도 알고 있지? 그런데 어른도 그렇게 대화를 하지 못할 때가 있단다. 아무 설명도 없이 자기 생각만 내세우기 때문이야. 그럴 때면 듣는 사람도 기분이 상해서 자기가 하고 싶은 말만 하게 되겠지. 그럼 어떻게 될까? 서로 감정이 상해서 싸우게 되는 거야."

"그렇게 안 하면 되잖아."

"그래. 그렇게 안 하면 되지. 그런데 그렇게 하지 않으려면 노력이 필요한데, 그런 노력을 하지 않는 거란다."

엄마가 차근차근 설명했는데도 향이는 다 이해할 수가 없었어요. 무엇보다도 다른 사람 마음을 이해한다는 게 어떤 건지 궁금했어요. 그래서 다시 물어보려는데 재영이가 문을 거칠게 열고 입원실 안으로 들어섰어요.

"어. 재영아, 놀이 치료실에……."

재영이는 엄마는 쳐다보지도 않고 향이가 있는 침대 쪽으로 걸어가서는 이불을 확 걷어치웠어요.

"너, 왜 나만 왕따 시켜?"

"뭐?"

"왜 나만 왕따 시켜!"

"무슨 말이야?"

벌떡 일어나 앉은 향이는 자기 쪽으로 이불을 잡아끌어 당기며 말했어요.

"다 알아. 나만 쏙 빼놓고. 너희끼리만 놀았잖아."

"그런 적 없어. 헛소리 하지 말고 저리로 가."

"헛소리 아니야! 왕따 시켰잖아!"

"재영아. 그만 좀 해. 얘가 도대체 왜 이러니?"

보다 못한 재영이엄마가 재영이를 창가 침대 쪽으로 데려 가려고 했어요. 그러나 재영이는 막무가내로 버티고 서서는 계속 소리만 질렀어요.

"엄마가 야단쳐. 야단치라니까!"

"조용히. 재영아. 응? 조용히 해."

재영이엄마가 달랬어요. 그러는 가운데 삼중이가 입원실 안으로 들어섰어요. 눈에 띄게 어두운 표정이었죠. 삼중이는 고개를 푹 숙인 채 걸어가서는 침대 귀퉁이에 걸쳐 앉았어요.

"쟤도. 야단쳐. 빨리 야단치라니까!"

급기야 재영이는 울음을 터뜨리고 말았어요. 뭐가 그렇게 서러운지 엉엉 울며 계속해서 자기가 왕따를 당하고 있다는 거예요.

"아, 속상해. 재영아!"

재영이엄마는 털썩 의자에 앉았어요. 재영이를 달래느라 지쳐버린 표정이었죠. 엄마가 그러든 말든 재영이는 울음소리를 멈추지 않았어요.

향이는 옆에 앉아 있는 엄마 손을 잡았어요. 울거나 떼를 쓸 때, '우리 엄마도 저렇게 힘들었을까?' 하는 마음이 들었던 것 같아요. 엄마도 그 마음을 읽었는지 향이 손을 꼭 잡아 줬어요.

"왕따를 시켜. 어떻게 나한테 그래? 어떻게!"

"누가 왕따를 시킨다고 그래? 재영아. 그만해. 응? 재영이가 자꾸 이러면 엄마가 무척 속상해."

"왕따! 왕따!"

"조금 전만 해도 친구들이랑 잘 놀았잖아."

"엄마가 뭘 알아? 지들끼리만 비밀을 만들고 왕따를 시켰어. 비밀을 가르쳐 주지도 않잖아!"

"누가 무슨 비밀을 만들었다고 그러니? 어디서 그런 소리를 들은 거야?"

"지들만 속닥거리고 지들만 알고! 왕따를 시켰어."

재영이엄마가 무슨 말을 해도 재영이는 소리 지르는 짓을 멈추지 않았어요.

"지들만 비밀이야. 지들만. 나쁜 놈들."

"도대체 왜 그래!"

왜 나만 왕따 시켜!

결국 재영이엄마는 소리를 버럭 질러 버렸어요. 이제까지 큰 소리 한 번 낸 적이 없었는데 말이에요. 그러자 재영이가 갑자기 숨을 탁 멈췄어요. 그리고는 바로 딸꾹질을 하기 시작했죠. 그 모습을 지켜보자니 재영이엄마는 마음이 무척 아팠어요. 그래서 곧 재영이 등을 토닥거리며 사과했어요.

"소리 질러서 미안해. 엄마가 미안해."

그러나 재영이는 곧 다시 소리를 지르며 울기 시작하는 거예요.

"엄마 나빠! 쟤들과 똑같이 나쁜 엄마야."

"재영아. 엄마가 이젠 안 그럴게. 그러니까, 우리 재영이도 그만 뚝 그쳐. 응? 친구들이 놀라잖아."

"알게 뭐야. 지들은 지들끼리만 노는데. 왕따 시키고, 지들끼리만 비밀을 나누고. 나쁜 놈들."

"재영아, 친구한테 욕하는 거 아니야."

"내 마음이야. 내 마음이라고!"

재영이는 아예 바닥에 드러누워 발버둥을 쳤어요.

"얘들아, 뭐 아는 거 없니? 재영이가 왜 이러는지?"

아무리 달래도 도통 말을 들을 기색을 보이지 않자 재영이엄마는 향이와 삼중이가 있는 쪽으로 고개를 돌려 물어보았죠. 향이와 삼중이는 서로 쳐다봤어요. 그리고는 약속이라도 한 듯 다시 재영이엄마 쪽을 봤어요. 재영이엄마는 많이 지쳐 보였어요.

"아뇨. 어제도 같이 놀았는 걸요."

향이는 그렇게 말했죠. 그때였어요. 재영이가 벌떡 일어나 앉아서는 향이를 손가락으로 가리키며 으르렁대듯이 말했어요.

"거짓말. 거짓말쟁이."

향이 얼굴이 하얗게 질렸어요. 더 이상 재영이를 볼 수 없었는지 눈을 내려 깔고는 조그맣게 중얼거렸죠.

"아니야. 거짓말 아니야."

"거짓말 아니야."

삼중이가 큰 소리로 따라 말했어요. 향이는 슬쩍 삼중이를 쳐다봤어요. 자신의 말을 따라하는 것이 아니라 자신을 대신해 변명을 해 주는 것처럼 들렸거든요.

"저 봐. 지네끼리만 친하잖아!"

재영이는 향이와 삼중이를 번갈아 가리키며 소리 질렀어요.

"너희 둘만 비밀 이야기 한 거 내가 모를 줄 알지? 나만 왕따 시켰어!"

시간이 갈수록 목소리가 커지고 있는 재영이를 아무도 말릴 수가 없었어요. 다들 난감해 하고 있는데, 누군가 문을 열고 들어섰어요.

"선생님."

선생님을 제일 먼저 발견한 진희엄마가 반갑게 불렀어요.

"우리 천사님이 왕따를 당하고 있다고? 누가 그랬을까?"

막무가내로 떼를 쓰던 재영이도 의사선생님만큼은 어려웠던 걸까요? 의사선생님이 가까이 다가가자 더 이상 소리를 지르지 않고 훌쩍이기만 했어요.

2 이유를 말해 줘

진찰실로 들어선 재영이는 변기통 모양 의자에 앉았어요. 얼마나 오랫동안 울었는지 눈두덩은 퉁퉁 부어 있었고, 흰자위는 빨갛게 핏줄이 서 있었어요. 의사 선생님이 거울을 내밀어 보였어요.

"어때? 이 모습을 보면 두꺼비가 친구인 줄 알겠다."

"저리 치워요."

재영이는 의사선생님 농담을 듣고 있을 기분이 아니었어요. 잔뜩 심통을 부리며 손을 휘휘 저었어요.

"그래. 치우라면 치워야지. 그럼 이제 뭘 하고 논다?"

선생님은 장난하듯이 물었어요.

"놀긴 뭘 놀아요."

"왜? 선생님이랑은 놀기가 싫어?"

"그걸 말이라고 해요?"

"왜?"

"아저씨잖아요."

"그게 왜?"

"어른이랑은 안 놀아요. 재미가 없어서."

"그렇구나. 그렇게 이유를 말해 주니까 이해가 되네. 그런데 말이야, 재영아, 재영이는 엄마와 아빠와 노는 것도 싫어?"

"……."

"엄마와 아빠도 어른이잖아."

"다른 어른과 달라요."

"어떻게?"

"아빠 엄마잖아요."

"그건 이유가 될 수가 없는데? 어떻게 다른지 말해 볼래?"

"……."

"재영이가 이유를 말해 주지 않으면 선생님은 이해할 수가 없단다. 다른 사람도 마찬가지야. 조금 전에도 그래. 재영이가 울고 소리 지르는 바람에 사람들이 깜짝 놀랐지? 이유를 말해 주었다면 좋았을 텐데. 왜 그랬는지 이제라도 말해 주지 않을래? 그럼 선생님이 재영이를 위해 뭔가를 해 줄 수도 있을 것 같은데."

"왕따 시켰어요."

"알고 있단다. 아까 그렇게 말하는 걸 들었거든. 그런데 왜 그런 생각을 하게 된 거야?"

재영이는 고개를 푹 숙인 채 한동안 손가락만 꼼지락거렸어요.

"응? 재영아?"

의사선생님은 다시 물었죠. 그제야 재영인 고갤 들었어요.

"피에로 아저씨와 놀고 있었는데요."

"놀고 있었는데?"

"삼중이가 밖으로 나가는 거예요."

"삼중이가?"

"네. 그리고는 한참동안 들어오지 않았어요. 이상한 생각이 들어서 나가 봤더니 복도 끝으로 향이가 가고 있는 게 보였어요."

"그러니까 삼중이와 향이가 함께 있었다고 생각하는구나."

"생각하는 게 아니라 둘이 함께 있는 걸 똑똑히 봤다니까요."

"그런데 그게 어쨌다는 거니?"

"나만 왕따 시켰잖아요!"

잘 말하다 말고 재영이가 버럭 소리를 질렀어요. 그리고는 곧 누그러진 목소리로, "어른들은 말귀를 못 알아들어" 라고 중얼거렸죠.

"그 아이들이 좋구나, 재영이는?"

의사선생님이 그렇게 말하자 재영이는 몸을 뒤쪽으로 빼며 마늘을 씹은 듯한 표정을 지었어요.

"친하게 지내고 싶고, 함께 놀고 싶은 거지? 그런데 아이들이 자기네들끼리만 노는 것 같아서 화가 난 거구나."

"말도 안 되는 소리 하지 마요. 이래서 어른들이란……."

"좋아. 선생님이 알아보지. 대신 재영아, 선생님이랑 약속해 주겠니?"

"무슨 약속요?"

"앞으로는 소리 지르지 않기. 그리고 원하는 게 있으면 차근차근 설명해 주기."

"그럼 선생님이 얻는 건 뭔데요?"

"이런, 재영이는 정말 영리하구나. 선생님은 친구 하나를 얻는 거지. 재영이라는 멋진 친구를 말이야. 재영이가 소리만 지르면 친구가 될 수 없잖아. 그렇지 않아?"

"어른들이란 정말 가르치는 걸 너무 좋아해."

재영이는 그렇게 투덜거렸지만 의사선생님과의 약속이 그다지 싫지는 않은 표정이었어요.

"왜 그렇게 서 있니? 마음에 드는 의자를 골라 앉으렴."

진찰실로 들어선 향이는 문 앞에 그냥 서 있었어요. 재영이가 의사선생님에게 무슨 말을 했는지 몰라도, 그 때문에 야단이라도 맞을까 걱정이었거든요.

"왕따 시킨 거 아니에요."

그래서 향이는 먼저 고백해 버렸죠.

"알고 있단다. 그런데 재영이는 모르는 것 같던데. 왜 말해 주지 않았니?"

"……."

"말하지 않으면 알 수가 없단다. 알고 있지?"

"……."

"향아?"

"사, 삼중이가……."

"그래. 삼중이가 어쨌다는 거니?"

"거, 거울을……."

향이는 말을 잇지 못했어요. 갑자기 닭똥 같은 눈물을 뚝뚝 흘리며 "거울"이라고만 중얼거렸죠. 의사선생님은 그런 향이를 다독거렸어요. 그리고 지금은 그냥 가도 좋다고 말해 주었어요. 향이는 의자에 한 번 앉아 보지도 않고 문을 열고 나가다 복도 의자에 앉아 다음 순서를 기다리고 있던 삼중이를 보았어요.

"향아."

아무 말도 하지 않고 그냥 지나치려는 향이를 삼중이가 붙잡았어요. 그리고는 재빠르게 향이 손에 뭔가를 건넸어요. 향이는 그걸 보지도 않고 내던졌어요. 그러자 삼중이는 다시 주워 향이의 호주머니에 집어넣었죠.

"나중에 봐. 꼭 봐."

그렇게 말하며 삼중이는 진찰실 안으로 들어갔어요.

3 무슨 일이 있었니?

삼중이가 진찰실로 들어선 지 십여 분이 지났어요. 의사선생님은 그동안 삼중이가 다른 사람 말을 따라하지 않게 된 사실을 눈치 챘어요. 그러나 모른 척 두고 보기로 했지요. 자신의 나쁜 점을 스스로 고치는 걸 지켜보는 것도 괜찮겠다는 판단이 들어서였어요.

"그러니까, 재영이를 따돌린 건 아니라는 거지? 그런데 재영이는 그렇게 생각하지 않아. 재영이가 오해하지 않도록 말해 주지 그랬니?"

"……."

"조금 전에 향이에게도 말했지만 너희들이 말해 주지 않으면 아무 것도 알 수가 없단다. 사람들은 서로를 알기 위해 대화를 하는 거야. 너도 그렇게 생각하지? 그래. 그렇게 생각할 줄 알았다. 그럼 재영이의 오해를 풀기 위해 어떻게 해야 할지도 알겠구나."

"하지만 재영이가 화만 내니까……."

"재영이가 화를 내는 건 아무 말도 듣지 못했기 때문이란다. 너와 향이가 무슨 말을 나누었는지 말해 주었다면 그렇게 화를 내지는 않았을 거야. 그래, 참. 향이와 무슨 일이 있었니? 향이는 아까 거울을 자꾸만 말하던데."

"거, 거울을 보여 줬어요."

"왜? 향이는 거울을 무서워하잖니."

"보기 싫어도 자꾸만 봐야 해요. 그래야 고칠 수 있으니까."

"그렇게 생각했구나. 그러니까 삼중이는 향이를 위해서 그런 거였구나. 그러나 삼중아. 향이는 준비가 안 되어 있는데 네가 그렇게 행동하면 더 나빠질 수도 있지 않겠니?"

"그래서 약속했어요."

"무슨 약속인지 선생님에게 말해 줄 수 있겠니?"

"향이에게 자기에 관한 이야기를 해 달라고 했어요. 그게 도움이 될 것 같아서……."

삼중이의 말을 들은 의사선생님은 깜짝 놀라서 잠시 말을 잇지 못했어요.

"어떻게 그런 생각을 하게 되었니?"

"향이는 자기를 보는 걸 무서워했어요. 자기에 대해 말하는 것도 싫어하고요. 그걸 고쳐야 거울을 볼 수 있을 거라는 생각을 했어요."

"꼬마 의사구나. 그런 생각까지 하고. 대견하다. 정말."

의사선생님이 칭찬을 아끼지 않자 삼중이는 머쓱해져서 머리만 긁적거렸죠.

"이렇게 좋은 말을 재영이에게도 해 주면 좋잖아. 어때? 말해 줄 거지?"

"향이가 싫어할 수도 있어요."

"그렇겠구나. 그럼 어떻게 해야 할까? 향이와 먼저 말해 보는 게 좋겠지? 서로 잘 말하다 보면 해답이 보일 거야."

"그럴까요?"

"그럼. 그리고 향이와 의논을 할 때 네 진심도 말해 주렴. 향이는 네가 괴롭히고 있다고 생각할 수도 있어."

"향이가요?"

"그래. 그럴 수도 있을 거야. 왜 그런 약속을 하자고 했는지 말해 주지 않았잖니?"

"하지만, 저는……."

"그래. 알고 있단다. 나는 네 이야기를 들었으니까. 그러니까 알겠지? 향이에게도 재영이에게도 뭘 말해 줘야 하는지."

삼중이는 고개를 끄덕였어요. 그동안 답답했던 게 조금은 해결된 듯 밝은 표정이었죠. 인사를 하고 나가려는데 의사선생님이 다시 삼중이를 불렀어요. 그리고는 한쪽 눈을 찡긋 감았다 뜨며 속삭이듯 말했어요.

"향이에게 고백까지 하면 좋을 텐데."

그 말을 들은 삼중이의 뺨이 순식간에 빨갛게 익어버렸어요.

"그, 그런 게 아니에요!"

삼중이는 부리나케 방을 빠져나갔어요. 의사선생님의 짓궂은 웃음소리를 들으면서요.

의사소통을 잘하려면?

의사소통이란 대화를 통해 상대방에게 자신의 생각이나 마음을 전달하는 것입니다. 우리가 다른 사람에게 말을 하는 이유는 무엇일까요? 그것은 아마 이런 것이겠죠. 내가 상대방에게 말을 한다는 것은 어떤 것이 '참이다', '옳다', 혹은 '진심이다'라고 주장하는 거예요.

예를 들어, 여러분이 만약 "오늘 날씨가 추워. 영하 10도야"라고 말한다면 여러분은 이 말을 듣는 사람에게 이 말이 참이라고 주장하고 있는 거예요. 또한 여러분이 "빌린 돈은 돌려줘야 해"라고 말을 한다면 이렇게 행동하는 것이 옳다고 주장하는 것이죠. 마찬가지로 여러분이 "나 오늘 굉장히 기분이 나빠"라고 말한다면 여러분은 이 말이 진심이라고 주장하는 셈이 됩니다.

이렇듯 여러분이 상대방에게 말을 한다는 것은 무언가를 주장하는 것이에요. 그런데 여러분이 무언가를 주장할 때 여러분은 무엇을 기대하

죠? 물론 상대방 반응이죠. 물론 여러분이 무언가를 주장했기 때문에 상대방 반응은 두 가지랍니다. 즉, 여러분 주장을 받아들이든지 거부하든지 둘 중 하나라는 거예요.

상대방이 여러분의 말을 받아들인다면 상대방은 여러분 말이 참이거나, 옳거나, 진심이라고 합의한 셈이 되죠. 그러나 여러분 말을 거부한다면 상대방은 여러분 주장에 합의한 것이 아니에요. 만약, 상대방이 여러분 주장을 받아들이지 않는다면 여러분은 그 이유를 물을 수 있어요. 당연히 상대방은 그 이유를 대야 합니다. 그리고 이 이유가 더 설득력이 있다면 여러분은 여러분 주장을 고쳐야 해요.

이렇게 의사소통이란 말하는 사람 역할과 듣는 사람 역할을 번갈아 하면서 주장을 하고, 상대방 주장을 비판하고, 주장에 대한 이유를 물으면서 합의에 도달하는 과정이랍니다.

그럼 재영이는 의사소통을 잘 하는 아이일까요? 즉, 자기주장을 상대방에게 잘 설득하거나, 상대방의 주장을 잘 듣는 아이일까요? 그렇지는 않아요. 왜 그런지 차근차근 생각해 볼까요?

처음에 재영이는 아이들이 자기를 왕따 시킨다고 소리만 질렀어요. 어째서 그런 생각을 하게 되었는지에 대한 설명을 하지 않았죠. 그래서 엄마는 그 말을 믿을 수가 없는 거예요. 재영이가 괜히 고집을 피우는 것으로만 보였을 거예요.

재영이엄마는 어땠을까요? 처음에는 재영이 말을 귀담아 들었어요. 재영이 행동을 이해하기 위해서였죠. 그러나 아무 것도 알아낼 수 없자 버럭 화를 내고 말았어요. 그러자 깜짝 놀란 재영이는 자신이 생각하고 있는 것을 더 말할 수가 없게 된 거죠.

그러면 향이와 삼중이는 의사소통을 잘 했을까요? 두 아이는 재영이가 소리치고 울 때 아무 말도 해 주지 않았어요. 만약 둘이서 무슨 이야기를 했는지, 왜 그런 이야기를 했는지 말해 주었다면 재영이도 알아들었을 거예요.

여러분, 그럼 어떻게 해야 서로 의사소통을 잘 해서 합의에 도달할 수 있을까요?

우선 의사소통을 잘 하려면 다른 사람 이야기를 잘 들어야 합니다. 그러나 단지 듣고만 있어서는 안 됩니다. 다른 사람 이야기를 잘 듣는다는 것은 다른 사람 입장에서 생각해 볼 줄 안다는 뜻이에요. 재영이엄마가

재영이 입장에서 생각해 보았다면 재영이에게 무조건 조용히 하라는 말을 하지는 않았을 거예요.

둘째로 다른 사람 입장에서 생각한다고 해서 꼭 그 사람 주장과 요구를 받아들여야 한다는 것은 아니에요. 다른 사람 주장을 아무리 받아들이려고 해도 받아들일 수 없는 경우도 있어요. 따라서 이럴 때는 반대를 해야 합니다.

셋째로 내가 반대를 하면서 그 이유를 대면 다른 사람은 또 다시 내 반대 주장에 대해 반대할 수 있어요. 의사 선생님과 대화할 때의 삼중이처럼 말이죠. 그러나 이 경우에는 새로운 이유를 대야 해요. 그래야 어느 이유가 더 나은가에 대해 생각해 볼 수 있기 때문입니다. 아마 더 나은 이유를 발견한다면 서로 다른 생각과 주장이 합의에 도달할 수 있을 거예요.

자, 이제 여러분도 의사소통을 잘 할 수 있겠죠?

5

참여 민주주의

1. 예쁜 아이
2. 우리들의 놀이 시간
3. 우리들의 비밀

모든 관련자들이 실천적 담론의 참여자로서 합의한 규범만이
타당성을 주장할 수 있다.

— 하버마스

1 예쁜 아이

삼중이가 진찰실로 들어선 후에도 향이는 입원실로 돌아가지 않았어요. 그리고는 삼중이가 자신 호주머니에 넣어준 종이를 만지작거리며 그 자리에 그대로 서 있었어요. 지난 번 삼중이가 거울을 들이밀었을 때가 생각나 바로 볼 수가 없었어요. 또 나를 괴롭히면 어쩌지 하는 마음이 들었던 거죠.

그러나 향이는 마음을 굳게 먹기로 했어요. 보지 않고는 견딜 수 없을 정도로 궁금했으니까요. 크게 심호흡을 한 뒤 향이는 주머니에 들어 있는 종이를 꺼냈어요. 그러고서도 한참 동안 펼쳐 보지 않았어요. 괜히 보는 게 아닐까 자꾸만 의심이 들었거든요.

향이는 한 번 더 심호흡을 한 뒤 잘 접혀진 종이를 펼쳐 보았어요. 종이 위에는 그림이 그려져 있었어요. 그 그림을 본 순간 향이는 깜짝 놀라 종이를 떨어트리고 말았어요. 그러나 곧 종이를 다시 주웠죠. 그리고 찬찬히 종이에 그려진 자신의 얼굴을 봤어요.

"나는, 이렇게 예쁘지 않은데……."

향이는 종이 위에 그려진 자신의 얼굴을 쓰다듬으며 중얼거렸어요. 그런데 뒤에서 누군가의 목소리가 들려 왔어요.

"예뻐."

뒤를 돌아본 향이는 고개를 쭉 내민 채 그림을 보고 있는 엄마를 보고 반갑게 불렀어요.

"엄마."

"누가 그린 거야? 정말 잘 그렸다."

"나랑 닮았어?"

"그럼. 향이를 그렸으니까 향이를 닮았지."

"내가 이래?"

엄마는 말없이 향이를 와락 껴안았어요.

“우리 향이가 많이 나아졌구나. 그런 것도 다 물어 보고. 응. 넌 그렇게 예뻐. 그러니까 겁내지 않아도 돼. 우리 딸.”

“응.”

향이는 엄마 등을 토닥거려 주었어요. 자신이 거울을 무서워하는 내내 엄마의 마음도 많이 아팠다는 걸 잘 알고 있었거든요.

향이가 엄마의 손을 잡고 병실로 들어서자 진희가 기다렸다는 듯 다가왔어요. 그리곤 향이 귓가에다 대고 물었어요.

“언니, 나 왕따 시킨 거 아니지?”

자기 침대에 뿌루퉁하게 앉아있던 재영이는 그 모습이 또 신경 쓰였는지 “뭐라는 거야?”라고 소리쳤어요.

“너 잘생겼다고 그랬다.”

향이가 웃으며 말해 줬어요. 그 말을 들은 재영이는 입술을 실룩거리며 말했어요.

“헛소리 하지 마.”

그리고는 갑자기 이불을 뒤집어썼죠. 그 모습을 본 엄마들이 또 웃기 시작했어요.

“언니.”

진희가 옆에서 왜 대답 안 해 주냐는 듯 다시 재촉했어요.

"진희같이 예쁜 아이에게 누가 그런대?"

향이는 그렇게 말해 주었어요.

"언니도 예뻐. 재영이 오빠도 예뻐. 삼중이도 예뻐. 나도 예뻐. 그렇지? 엄마?"

기분이 좋아진 진희가 자기 엄마에게 그렇게 말하는 것을 들으며 향이는 침대에 올라가 누웠어요.

'예쁘다…….'

향이는 몇 번이나 마음속으로 중얼거렸어요. 그건 마치 주문 같아서 자꾸만 말하다 보면 정말 그렇게 될 것 같았거든요. 마술을 부린 것처럼 말이죠.

2 우리들의 놀이 시간

피에로 아저씨는 점잖게 앉아 있는 아이들을 보며 살짝 웃었어요. 그런데 아저씨 입이 워낙 크기 때문에 아이들의 눈에는 히죽 웃는 것처럼 보였죠.

"왜 웃어요?"

재영이가 물었어요.

"너희가 대견해서."

"왜요?"

"처음에 아저씨랑 놀 때에는 고집을 부리거나 울거나 했잖아. 기억 안 나?"

"기억 안 나요."

두 사람 대화를 듣던 아이들은 재영이가 또 심통을 부리면 어쩌나 하는 생각이 들었는지 서로 눈치만 살폈어요. 그러나 재영이는 어른처럼 팔짱을 끼고는 꽤나 점잖게 물었어요.

"오늘은 뭐하고 놀 건데요?"

"오늘은 침묵게임."

"그게 뭐예요?"

이번엔 진희가 물었어요.

"아무 말도 하지 않기 놀이지."

"에게. 그게 무슨 놀이에요?"

재영이가 말했어요.

"그래. 그렇게만 해서는 놀이가 아니지. 규칙도 있어야겠지?"

"규칙요?"

"그래. 규칙이 뭔지는 알지?"

"네."

아이들이 입을 모아 대답했어요.

"하하. 그럴 줄 알았다. 아저씨가 너희 각자에게 쪽지를 줄 거야. 그 쪽지 안에는 각자가 해야 할 일이 적혀 있어. 그런데 그 일을 하기 위해서는 다른 아이들의 동의를 구해야 한단다."

"아무 말도 하지 못하는데 어떻게 동의를 구해요?"

향이가 물었어요.

"자, 주먹을 쥐어 봐. 옳지. 그렇게. 그 상태에서 엄지손가락만 올려 봐. 옳지. 잘한다. 말 대신 엄지손가락으로 물어보는 거야. 대답도 엄지손가락으로 하면 되고."

"그러니까, 다른 아이들이 엄지손가락을 올리지 않으면 쪽지에 적혀 있는 일을 하지 못한다는 건가요? 그런데 진짜 말하고 싶으면 어떡해요?"

"진짜, 진짜 말해야 한다면 이렇게 두 팔로 엑스 자를 만들어서 보여 줘야 해. 그래서 친구들이 모두 엑스 자를 똑같이 만들면 말을 할 수 있어. 어때? 재미있겠지?"

아이들은 서로 쳐다보며 고개를 갸우뚱거렸어요. 아무리 생각해도 별로 재미가 있을 것 같지가 않았거든요.

"침묵놀이를 잘 하면 너희에게 아저씨의 본모습을 보여 줄 생각이야. 그래도 재미없을까?"

"본모습이요?"

"그래. 궁금하지 않니?"

아이들은 킥킥거리며 웃었어요. 생각만 해도 이상했거든요. 부풀어 오른 노란 가발을 벗고, 크고 빨간 코를 빼고, 귀 옆까지 그린 입술까지 지워 버리면 아저씨는 어떤 모습일까요?

"궁금해요."

"좋아. 그럼 지금부터 말하지 않기. 규칙을 어기면."

"규칙을 어기면요?"

"아저씨처럼 만들어 버릴 거야."

피에로 아저씨가 옆구리에 손을 얹고 근엄하게 말했지만 아이들은 서로의 얼굴을 쳐다보며 깔깔거리며 웃었어요. 아저씨는 아이들이 웃음을 멈출 때까지 기다렸다 외쳤어요.

"자, 시작!"

아이들은 입을 딱 다물었어요. 그리고 눈만 움직여 다른 아이들을 쳐다보았죠. 웃음이 나오려는 것을 억지로 참으면서요. 처음에는 누군가 킥 웃는 소리가 들리기도 했지만 시간이 지나자 꿀 먹은 벙어리만 있는 것처럼 치료실 안은 조용해졌어요.

피에로 아저씨는 먼저 재영이에게 쪽지를 건넸어요. 재영이는 쪽지를 펼쳐 읽더니 난감하다는 듯 아저씨를 쳐다봤어요. 그러자 아저씨는 괜찮다는 뜻으로 손가락 동그라미를 만들어 보여 주었어요. 그런데도 재영이는 뭐가 쑥스러운지 머리를 긁적이고만 있는 거예요.

무슨 미션이기에 저럴까……. 아이들은 고개를 갸웃거리며 서로 쳐다보았어요. 그러는 가운데 향이의 눈이 삼중이의 눈과 마주쳤어요. 순간 향이는 왠지 부끄러워 고개를 돌려 버리고 말았죠.

마음을 다잡았는지 재영이가 엄지손가락을 들여 보였어요. 향이와 삼중이도 엄지손가락을 들었죠. 진희는 다른 아이들이 손가락을 다 든 다음에야 들었어요. 아이들이 다 손가락을 든 것을 본 후 재영이는 일어났어요. 그리고 진희를 덥석 안았어요. 얼마나 쑥스러웠는지 고개를 푹 숙이고 들지도 못한 채로 재영이는 미션을 계속했어요.

몸을 뗀 후에는 손가락으로 하트 모양을 그렸어요. 깜짝 놀라기도 했지만 웃기기도 해서 향이는 푸욱 소리를 내며 웃고 말았어요. 그러자 피에로 아저씨가 향이에게 조용히 하라는 신호를 보내셨어요.

재영이는 다시 삼중이에게 다가가 진희에게 했던 것처럼 한 번

안아주고는 손가락으로 하트 모양을 그려줬어요. 그리고 향이에게도 다른 아이에게 했던 것처럼 똑같이 미션을 수행했죠.

피에로 아저씨가 박수를 치기 시작했어요. 다른 아이들도 박수를 쳤어요. 그런 다음 피에로 아저씨는 진희에게 쪽지를 줬어요.

진희는 잠시 고개를 갸웃거리다 엄지손가락을 들었죠. 다른 아이들도 엄지손가락을 들어 주었어요. 동의하겠다는 뜻이기도 했지만 잘 따라 해 주고 있는 진희에게 잘했다는 칭찬을 하고 싶어서 높게 치켜들었어요.

진희는 헤벌쭉 입을 벌려 웃고는 피에로 아저씨에게 다가갔어요. 그리고 피에로 아저씨의 머리를 잡았어요. 처음에는 가발을 떼지 못하고 오히려 꾹 눌러댔지만 곧 이마에 접착되어 있는 부분을 찾아 잘 벗겨냈어요. 그리고 빨간 코를 잡더니 쑤욱 빼냈어요. 입술은 뗄 수 없는 것이라 그 앞에서 잠시 망설였어요. 그러나 곧 탁자위에 있는 천을 가지고 와서는 아저씨의 입술을 쓱싹쓱싹 지우기 시작했죠. 완벽하게 지우지 못해서 아저씨의 볼이 울긋불긋해졌지만 말이에요.

숨죽이고 지켜보던 아이들은 아저씨의 얼굴이 드러나기 시작하자 또 낄낄 웃기 시작했어요. 아저씨가 조용히 하라는 표시를 했

쿠쿠쿠, 쿡
킬~ 킬~ 킬~
크크크
합의
의사소통

지만 웃음을 멈출 수가 없었어요. 삼중이가 두 팔로 엑스 자를 만들었어요. 아저씨가 고개를 끄덕였죠. 그제야 마음껏 웃기 시작한 아이들 소리가 방 안 가득 울려 퍼졌어요.

3 우리들의 비밀

얼굴에 바른 하얀 분까지 지우고 돌아온 아저씨 얼굴은 말끔했어요. 아이들은 아저씨를 뚫어지게 쳐다보았어요. 생각했던 것 보다 젊은 사람이라 좀 어색했거든요. 그런 마음을 아는지, 아저씨는 농담처럼 물었어요.

"무지 잘 생겼지?"

그제야 아이들은 저마다 "아니오"나 "예"라고 대답하며 다시 깔깔거리며 웃었죠.

"아저씨는 약속을 잘 지키고 있는 거야. 그렇지?"

"네."

"그럼 아까 한대로 계속 침묵게임을 해 볼까? 이젠 삼중이와 향이가 할 차례구나. 자, 시작. 합!"

아이들은 조금 전보다 익숙하게 입을 다물었어요.

잠시 여유를 두고 지켜보던 아저씨는 향이에게 쪽지를 주었어요. 쪽지를 펼쳐 본 향이는 어쩔 줄 몰라 하며 삼중이를 보았죠. 그러나 향이의 쪽지를 보지 못한 삼중이는 무슨 일인지 몰라 그저 두 눈만 깜박거렸어요.

향이는 입술을 꼭 깨물고 뭔가를 생각하다가 엄지손가락을 올렸어요. 다른 아이들도 손가락을 올려 주었고요. 향이는 자신의 주머니에서 종이 한 장을 꺼내 들었어요. 그 종이를 본 삼중이의 눈이 커졌어요. 그러나 말릴 새도 없이 일어난 향이가 그 종이를 펼쳐 아이들에게 보여 주었죠.

종이에 그려진 그림을 자세히 보려는 듯 재영이가 가까이 다가갔어요. 그리곤 종이와 향이를 번갈아 쳐다보더니 갑자기 엄지손가락을 불쑥 내밀었어요. 처음에는 무슨 뜻인지 몰라 향이는 당황했어요. 그러나 곧 '잘 그렸네', '예쁘다' 는 뜻이라고 생각해서 고개를 끄덕여 주었죠.

진희도 가까이 다가와 그림을 보더니 재영이가 했던 것처럼 엄지손가락을 들어 주었어요. 향이는 살짝 웃으며 자기 자리에 가만 앉아 있는 삼중이를 손가락으로 가리켰어요. 향이의 손가락을 따라 눈길을 돌린 아이들은 삼중이를 보았죠. 삼중이는 쑥스러운 듯 웃었어요. 그리곤 엄지손가락을 들어 보였죠.

아이들이 다시 제자리에 가서 앉자 피에로 아저씨는 삼중이에게 쪽지를 건네 줬어요. 쪽지를 읽은 삼중이는 이상하다는 듯 피에로 아저씨를 쳐다봤어요. 그리고 엄지손가락을 올렸어요. 다른 아이들이 엄지손가락을 올려 미션을 시행하라는 동의를 표했어요. 그러자 삼중이는 대뜸, "말해도 돼요?"하고 피에로 아저씨에게 말을 걸었어요. 삼중이가 갑자기 말을 하는 바람에 다른 아이들은 깜짝 놀랐어요.

"쪽지의 미션을 수행하는 게 이 게임의 규칙이기도 하지."

게다가 피에로 아저씨까지 뜻 모를 말을 하니 아이들은 더 놀랐어요. 삼중이는 자신의 이마를 문지르며 난감하다는 듯 향이를 쳐다봤어요. 향이는 고개를 끄덕여 주었어요. 그제야 힘이 난 듯 삼중이는 아이들을 향해 서서는 쪽지의 미션을 알렸어요.

"난 말을 해야 해. 무슨 말이냐 하면…… 저번에 재영이가 왕따 당했다고 울었던 일 기억나지? 그 일에 대한 이야기야. 그러니까…… 향이와 내가 약속했던 걸 너희에게 가르쳐 주는 거야. 향아, 괜찮지?"

더듬더듬 말을 하다 말고 삼중이는 향이에게 물었어요.

"응. 그렇게 하기로 했잖아."

"향이와 나는 무슨 약속을 했는지 너희에게 말해 주기로 결정했어. 말을 해 주지 않으면 재영이의 오해를 풀 수가 없을 것 같아서. 그런데 오늘 이렇게 말하게 될 줄은 몰랐어."

아이들은 모두 숨을 죽였어요.

"사실 나는……."

"오빠, 이제 다른 사람 말 따라 하지 않아?"

불쑥 진희가 물었어요.

"응. 따라하지 않아."

"에이. 그것도 재미있었는데."

"다른 사람 말만 따라 하면 내 마음을 보여 줄 수 없다는 것을 알았어. 있잖아. 나는 너희 모두와 좋은 친구가 되고 싶었거든."

삼중이가 그렇게 말하자 아이들은 저마다 "나도", "나도" 하고 작게 말했어요.

“그러니까, 그러니까……. 나는 향이가 거울을 무서워하지 않았으면 좋겠다는 생각을 했어. 그래서 향이에게 매일 세 가지씩 자신 이야기를 해 달라는 약속을 받아냈지. 자기 이야기를 하다보면 거울을 보는 것도 무서워하지 않게 될 줄 알았거든. 재영아, 진희야. 미안해. 너희를 따돌리려고 그랬던 건 아니야.”

아이들은 아무 말 없이 삼중이의 말을 듣기만 했어요. 모두 무슨 생각을 하는지 꽤 진지한 표정이었죠.

“나도……. 미안해.”

재영이가 어렵게 말을 꺼냈어요.

“그런 줄도 모르고 화만 내서.”

“아니야. 내가 제대로 설명해 주지 않아서 그런 걸.”

삼중이가 그렇게 말하자 재영이는 또 다시 아니라고 자신이 잘못한 것 같다고 말했죠. 삼중이는 또 자기가 잘못했다고 말했고요. 그게 여러 번 반복이 되자 아이들은 그만 웃음보가 터져 버렸어요.

“오빠, 나도 그려 주면 안 돼? 향이 언니처럼 예쁘게.”

진희가 천진난만하게 말했어요.

"응."

삼중이는 그렇게 대답하며 자신을 향해 엄지손가락을 내밀고 있는 향이를 보았어요.

아이들이 미션을 수행하는 동안 피에로 아저씨는 웃기도 잘하고 화도 잘 내는 아이들이 서로를 이해하는 과정을 지켜보고 있었죠. 놀이치료 시간이 끝나고 아이들이 입원실로 돌아가면 오늘 있었던 일을 의사선생님에게 설명해 줄 거예요. 그럼 의사선생님은 또 엄마들에게 말해 줄 거예요.

아이들은 키가 쑥쑥 자라듯 마음도 쑥쑥 자라잖아요. 쑥쑥 자란 마음이 다른 사람의 마음까지 감싸줄 수 있는 큰 나무가 되는 날이 언젠가 오겠죠? 피에로 아저씨는 그런 생각을 하는 것만으로도 흐뭇했나 봐요. 피에로 분장을 지웠는데도 양쪽 입술 끝이 귀까지 이어질 정도로 웃었어요.

참여 민주주의

여러분, 민주주의가 무엇이죠? 앞에서 이야기했듯이 민주주의란 국가의 주인이 바로 국민이라는 말입니다. 다시 말해 국가의 주권은 왕이나 귀족이 아니라 국민에게 있다는 것이에요. 그렇기 때문에 국가는 그 주인인 국민의 뜻에 따라 운영되어야 합니다.

그런데 여러분, 우리나라가 국민 뜻에 따라 운영되고 있다고 생각하나요? 물론입니다. 왜냐하면 우리나라는 대통령, 국회의원 등 정치인을 국민이 직접 선출하기 때문입니다. 그러니 국가를 운영하는 정치인이 국민 뜻을 어겨서는 안 되겠죠. 왜냐하면 국민의 뜻을 어기고 자기 마음대로 국가를 운영한다면 다음 선거에서 떨어질 수밖에 없으니까요.

이런 점에서 우리나라는 분명 민주주의 국가입니다. 하지만 독자 여러분 곰곰이 생각해 보세요. 국민이 정치인을 직접 뽑는다고 해서 정말 정치인들이 국민의 뜻에 따라 국가를 운영하는지 말입니다. 불행하지만

그렇지 않을 때가 많아요. 왜 그럴까요?

정치인은 자기가 소속되어 있는 정당만을 위해 일합니다. 아니면 자기와 이해관계에 있는 특정 집단만을 위해 일하죠. 더구나 부패한 정치인은 오로지 자신의 이익만을 위해 일하기도 한답니다. 이럴 경우 정치인은 국민의 뜻에 따르는 것이 아니라, 반대로 국민을 속이고, 국민의 뜻을 자기 마음대로 조작하려고 합니다.

따라서 진정한 민주주의는 단지 국민이 직접 선거를 통해 정치인을 뽑는다고 이루어지는 것은 아니에요. 정치인을 뽑은 후에도 국민이 자신의 의사를 국가 운영에 직접 반영할 수 있는 제도가 마련되어야 한답니다. 다시 말해 어떤 정책을 만들고 집행할 때 여기에 관련된 국민들과의 의사소통을 통해 합의를 도출하고, 이에 따라 국가를 운영하도록 해야 한다는 거예요.

철학자 하버마스는 의사소통을 통해 합의가 형성되고 이를 통해 사회가 운영되어야 올바른 사회라고 주장합니다. 마찬가지로 민주주의 국가에서는 단지 정치인만이 국정을 운영하는 것이 아니라, 국민과의 의사소통을 통해 국정을 운영해야 합니다. 하버마스는 이러한 민주주의를 특히 '참여 민주주의' 라고 해요.

여러분, 아셨죠? 우리나라에 필요한 것은 단지 민주주의가 아니라, 참여 민주주의랍니다. 그래야 우리나라가 국민의 뜻에 따라 운영되는 올바른 나라가 될 거예요.

지금도 간혹 생각나곤 한답니다. 병원에서 지내던 그 때 그 어린 시절이 말이죠. 거리마다 개나리꽃이 활짝 피어 있는 봄이면 더욱 그래요. 그때 그 아이들은 개나리꽃 같았거든요. 커다랗지도, 향이 진하지도 않지만 그 빛깔만큼은 어떤 꽃보다도 예쁜 개나리꽃이요.

요즘 나는 입시 준비를 하느라 눈코 뜰 새 없이 바쁘답니다. 초등학교 선생님이 되는 게 내 꿈이에요. 그래서 교육대학에 가기 위해 열심히 공부를 하고 있어요.

다른 아이 소식도 궁금하죠? 재영이와는 가끔 만나곤 하는데, 2년 전에 제주도로 이사를 갔어요. 한 번 놀러오라고 하는데 아직 가보진 않았어요. 재영이 말로는 제주도의 바다는 세상에서 제일 아름답대요. 봄에는 곳곳마다 유채꽃이 만발해서 산책하기도 좋다고 했어요. 고등학교를 졸업하면 재영이를 보러 한 번 가려고 해요. 까칠한 성격이 아직 남아 있기는 하지만 어쩔 땐 그게 또 그 아이의 매력이라는 생각도 들어요. 어쩌다 자기 진심을 무심코 툭툭 내뱉기도 하고요. 무엇보다도 재영이는 다른 사람의 말을 잘 들어주는 아이예요.

진희는 퇴원하자마자 연락이 끊겨서 어떻게 살고 있는지 잘 모르겠어요. 지금쯤 고등학교 1학년이겠네요. 나보다 두 살이 어려서 그런가? 아직도 그 아이는 막내 동생처럼 느껴져요. 심성이 착해서 친구도 많을 거예요. 사실 진희가 어떻게 살고 있을지 너무 궁금해요. 꼭 만나고 싶어요. 그런데 이상하죠? 언젠가 꼭 한 번은 만나게 될 것 같다는 생각이 들어요. 어릴 때 우리가 보냈던 그 시간이 그냥 스쳐 지나가는 인연으로만 끝날 것 같지가 않거든요.

그리고…… 삼중이. 히히. 우리 삼중이는 뭘 하며 지내는지 잘 알고 있어요. 지금도 삼중이를 기다리는 중이거든요.

아, 입시생이 남자친구 사귄다고 걱정할 필요는 없어요. 우리 엄마도 허락한 일이거든요. 처음엔 엄마도 걱정했지만 내가 잘 설득했어요. 남자친구가 있으면 그에 부끄럽지 않도록 열심히 공부할 수 있다고 말이죠. 그리고 혼자 공부하는 것보다는 친구와 공부하는 게 훨씬 덜 힘들 거라고도 했어요. 예전에 의사선생님도 그러셨잖아요? 자신의 주장을 설득하기 위해서는 대화가 필요하다고요. 정말 그래요. 우리 엄만 나를 믿어 주셨거든요.

아, 저기, 삼중이가 오고 있어요. 보여요? 그땐 나보다 작았는데 지금은 저렇게 훌쩍 커 버렸어요. 그리고 다른 사람의 말을 따라하지도 않죠. 많이 변했다고요? 네, 그래요. 말도 얼마나 잘 하는지 몰라요. 그리고 내 말도 잘 들어줘요.

멋지다고요? 당연하죠. 누구 남자 친군데. 히히.

삼중이가 나를 발견하고 웃어요. 얼른 일어나서 가 봐야겠어요. 개나리처럼 어여쁜 내 친구를 기다리게 할 순 없잖아요?

통합형 논술 활용노트

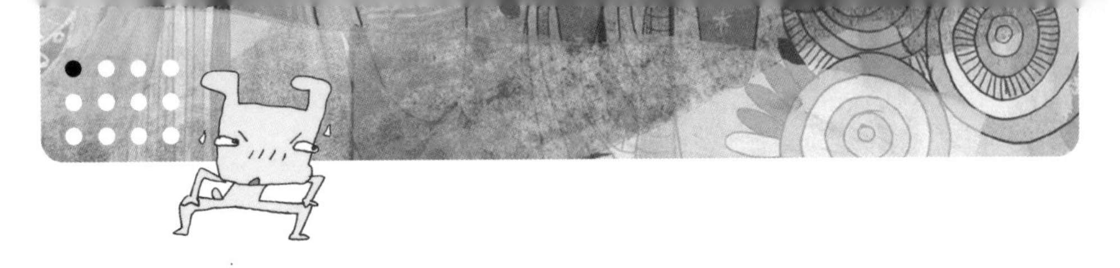

01 (가)에 나오는 나르키소스 이야기는 전해 내려오는 신화입니다. 실제로 이런 소년이 있었는지는 알 길이 없어요. (나)를 읽고 나르키소스와 삼중이를 비교해 보고, 의사소통을 잘하려면 어떻게 해야 하는지 이야기해 보세요.

(가)

옛날 그리스에 나르키소스라는 소년이 있었습니다. 그런데 이 소년은 아주 특이한 운명을 타고 태어났어요. 어떤 운명이냐고요? 그것은 자신의 외모에 대해 관심을 갖지 말아야 오래 산다는 운명이었어요. 그래서 이 소년의 부모님은 어려서부터 이 소년이 자신의 외모에 대해 관심을 갖지 않도록 키웠답니다. 부모님은 이 소년에게 거울도 보여 주지 않았어요. 그리고 다른 사람들이 이 소년의 외모에 대해 아무 말도 하지 못하도록 했어요. 그래서 그런지 이 소년은 항상 혼자 다니곤 했답니다. 하지만 이 소년은 너무나 매력적인 얼굴을 한 소년이었어요.

하루는 이 소년이 이리저리 산책을 하다가 연못 하나를 발견했어요. 물론 혼자였죠. 무심코 연못을 쳐다보는데 거기에 한 소년이 있었어요. 너무나 매력적인 얼굴을 한 소년이었어요. 그래서 이 소년은 그에게 다가가려고 했답니다. 그러다가 소년은 연못에 빠지고 말았죠. 연못은 제법 깊었고, 소년은 여기서 헤어나지 못했어요. 그리고 결국 물에 빠져 죽고 말았답니다. 물론 연못에 있었던 소년이란 다름 아닌 나르키소스 자신이

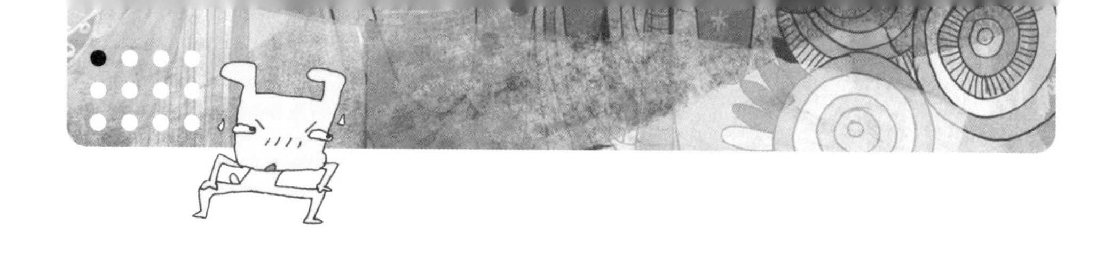

었어요. 나르키소스의 얼굴이 물에 비추어 있었던 것이죠. 하지만 거울 한 번 보지 못한 나르키소스는 그게 자신인 줄 몰랐던 것이죠.

(나)
"그러지 말라고 했잖아."
창에 손을 대다 말고 향이는 삼중이 쪽을 쳐다보며 말했어요.
"그러지 말라고 했잖아."
심술궂게도 삼중이는 진희의 말을 다시 따라 했어요.
"쟤 진짜 왜 저러냐? 맨 날 내 말만 따라하고. 진짜 바보는 쟤야."
"진짜 바보는 쟤야."
"아이 씨."
"아이 씨."
화를 내면 자기만 손해일 것 같아 향이는 삼중이를 그냥 무시하기로 했어요. 그리고 창을 열어줬지요. 진희가 잘 볼 수 있도록 천천히 설명까지 곁들이면서요. 향이의 설명을 삼중이는 계속 따라 말하고 있었고요.

—《하버마스가 들려주는 의사소통 이야기》 중

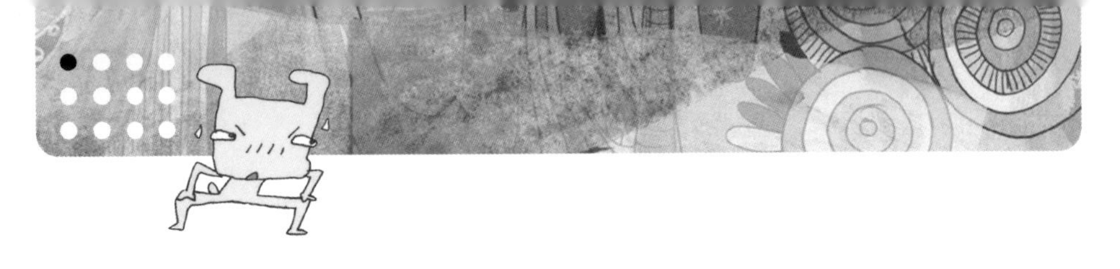

02

(나)의 가족을 하나 되게 만드는 방법은 무엇일까요? 아빠의 말씀에 따라 먹기도 싫은 보신탕집에 가는 것일까요? 아니면 모든 가족이 합의할 수 있는 길을 찾는 것일까요?

(가)

"조개구이는 먹어 봤니? 여기까지 왔으니까 그런 거 먹어 봐도 재미있을 것 같은데?"

향이가 그렇게 말했지만 재영이는 계속 같은 말만 했어요.

"고기 먹을래."

"네가 삼중이냐? 같은 말만 하고 있게."

향이가 톡 쏘아 붙였어요.

"나는 두 개 다 먹고 싶은데……."

진희가 조심스럽게 대화에 끼어들었지만 목소리가 작아서 다른 아이들은 미처 듣지를 못했어요.

"재영아. 아까 엄마 말 못 들었어? 고기를 먹어야 하는 이유도 말해야 하잖아."

"그냥 고기 먹고 싶어. 조개구이는 싫어."

"야. 그렇게 말하면 어떻게 하냐? 그럼 의논이 아니잖아."

"고기 먹어."

"넌 내 말은 듣고 있지도 않구나? 참, 내. 삼중아, 너는 뭐가 좋아?"

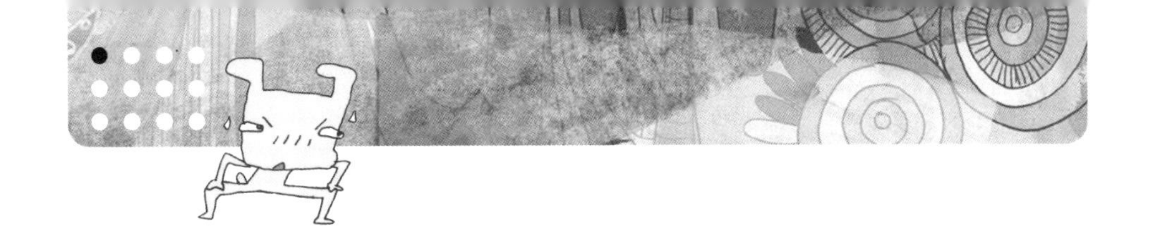

향이는 삼중이에게 불쑥 물었어요. 삼중이가 자기 생각을 잘 말하지 않는 아이라는 걸 순간 잊어버렸던 거죠.
"둘 다."

—《하버마스가 들려주는 의사소통 이야기》중

(나)
"허걱, 보신탕! 아빠가 이번 주말은 보신탕집으로 외식을 가자고 하십니다. 하필 보신탕이라니요? 아빠는 보신탕이 몸에 좋다고 하십니다. 특히 땀을 많이 흘리는 여름철에는 한 번쯤 보신탕을 먹어야 한답니다. 그래서 막 우기십니다. 아빠가 하자면 하는 거라고요! 그래야 가족이 한 마음이 된다나요? 저는 어떻게 해야 할까요? 가족의 단합을 위해 희생해야 하나요? 보신탕집에 가는 것은 죽기보다 싫은데……."
"우리 형은 생각이 달라요. 대학에 다니는 똑똑한 형이니까요. 형도 여름에는 건강에 좋은 음식을 먹는 것이 좋다고 합니다. 하지만 꼭 보신탕은 아니라는 거예요. 삼계탕도 있다는 것이죠. 그래도 삼계탕은 덜 혐오스럽잖아요? 그래서 아빠에게 말했어요. 아마 아빠도 반대하지는 않으시겠죠. 아빠만 합의한다면 이번 주말 우리 가족은 모처럼 함께 외식을 하니 기분도 좋고, 몸에 좋은 음식을 먹으니 기운도 날 거예요."

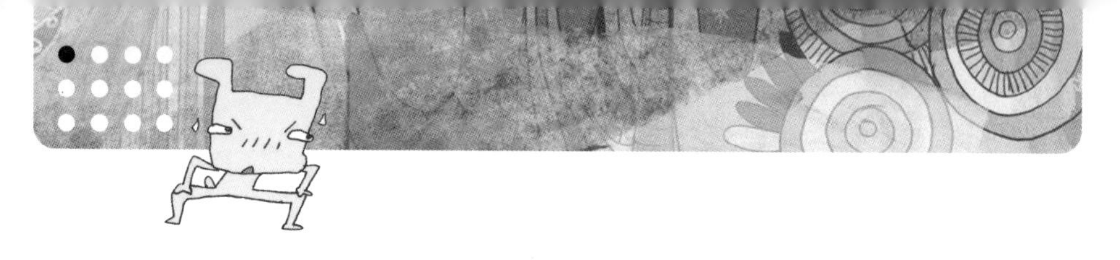

03 어머니와 이모는 어떤 점에서 다를까요? '도구적 합리성'과 '의사소통적 합리성'에 관련하여 설명해 보세요.

(가)

"어머니는 하지 말라는 소리를 잘 하십니다. 내가 피자를 먹고 싶다고 하면 안 된다고 하십니다. 피자를 자주 먹으면 살이 찐다는 것입니다. 잠자기 전에는 단 것을 먹지 말라고 하십니다. 그렇지 않으면 이가 썩는다는 것입니다. 컴퓨터 게임도 하지 말라고 하십니다. 눈이 나빠진다는 것입니다. 하지 말라, 하지 말라. 어머니는 항상 이런 말씀만 하십니다. 하지만 살 좀 찌면 뭐가 잘못되나요? 이가 썩으면 치료하면 되고, 눈이 나빠지면 안경 끼면 되는 것 아닌가요?"

(나)

"이모는 참 예쁘고 친절하십니다. 이모는 '하지 마라, 하지 마라' 이런 말씀을 하지 않으십니다. 내가 피자를 먹고 싶다면 피자를 사 주십니다. 그러나 피자를 너무 많이 먹으면 비만이 된다는 말도 해 주십니다. 그리고 비만이 되면 뭐가 좋지 않은지도 이야기해 주십니다. 심장도 안 좋아지고, 건강도 나빠지고, 나중에 내가 하고 싶은 일도 할 수 없게 된다고 하십니다. 이모 말씀을 들으면 피자는 그만 먹고 야채나 과일을 많이 먹어야겠다는 생각이 듭니다."

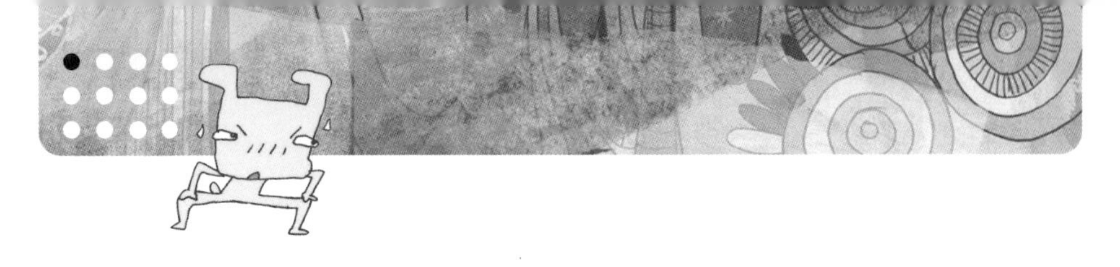

04 지혜가 화가 난 이유는 무엇일까요? 그리고 이 이유를 알아야 의사소통을 위해 우리가 가져야 할 상대방에 대한 태도가 무엇인지를 알 수 있습니다. 그것이 과연 무엇일까요?

"선생님은 지혜만 편애하는 것 같습니다. 선생님은 수업 시간에 곧잘 지혜에게 질문하시지요. 그리고 대답을 잘 했다고 칭찬하십니다. 하지만 제가 듣기에는 지혜가 틀린 적도 많이 있었거든요. 반면 저에게는 질문을 잘 안 하십니다. 제가 손을 들고 대답해도 제 말에 귀를 기울이시지 않습니다. 저는 제가 항상 올바른 대답을 한다고 생각하는 건 아닙니다. 하지만 기분이 나쁜 것은 선생님께서 제 말에 귀를 기울이시지 않는다는 것입니다.

선생님께서 지혜만 편애하시니 지혜가 미워 보입니다. 그래서 저는 지혜와 대화하지 않습니다. 학급회의 때도 지혜가 발언을 하는데도 그냥 무시하고 다른 이야기를 했습니다. 반 친구들도 제 말만 듣느라 지혜가 무슨 말을 하는지 관심이 없었습니다. 그래서 그런지 지혜가 저에게 화를 냈습니다. 저는 그냥 못 본 척했습니다. 그랬더니 지혜는 더 약이 올랐던 것 같습니다."

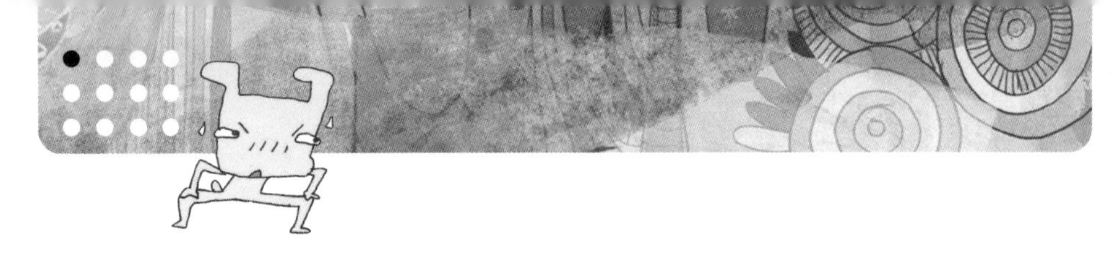

05 진정한 의사소통이란 어떤 것일까요? 단지 다른 사람의 이야기를 듣고 그저 이에 대한 나의 생각을 이야기하는 것일까요? 아니면 다른 사람과 대화하면서 그 사람의 눈을 통해 자기 자신에 대해 생각해 보는 것일까요?

(가)
"우리는 대화를 통해 우리 자신의 생각이나 감정을 전달할 뿐만 아니라, 다른 사람의 생각이나 감정을 듣게 됩니다. 다시 말해 우리는 다른 사람의 생각이나 감정을 들으면서 이에 대한 우리 자신의 생각이나 감정을 이야기합니다."

(나)
"우리는 다른 사람과 대화하면서 그 사람의 눈을 통해, 아니 그 사람의 반응을 통해 우리 자신에 대해 생각해 봅니다. 그렇게 되면 우리는 우리 자신의 생각이나 감정을 고칠 수 있고, 또한 다른 사람 역시 나의 눈을 통해 자신의 생각이나 감정을 고칠 수 있습니다."

통합형 논술 문제풀이

01 나르키소스는 자신을 모르는 사람입니다. 자신의 얼굴도, 자신이 어떤 사람인지도 모르는 사람입니다. 그런데 왜 나르키소스는 자신을 모르는 사람이 되었을까요? 그 이유는 다른 사람과 의사소통을 하지 않았기 때문입니다. 나르키소스는 혼자 다니고, 혼자 말하고, 혼자 대답하고, 혼자 생각합니다. 그래서 나르키소스는 다른 사람과 대화하며, 그의 눈을 통해, 그 사람의 입장에서 자신을 보려고 한 경험이 없습니다.

삼중이는 남의 말을 따라할 뿐 자신이 하고 싶은 말을 하지 못합니다. 자기 자신을 숨기고 남에게 드러내지 않는 것이지요. 나르키소스가 남들이 자신에 대해 말해 주지 않아서 남들과 소통할 줄 모른다면, 삼중이는 남들이 말을 해줘도 그걸 마음으로 받아들이지 못하고 말소리만 따라 하기 때문에 소통할 줄 모릅니다. 의사소통을 잘 하려면 상대방의 말을 귀 기울여 듣고 그 말 속에 담긴 자기 자신의 모습을 돌아본 후, 자신도 상대방에 대해 말해 주어야 합니다. 그래야 상대방도 나의 말을 통해 자기 자신을 돌아보고서 서로 생각을 나눌 수 있을 테니까요.

02 가족을 비롯한 모든 집단이나 사회는 하나가 되서 힘을 합칠 때 발전할 수 있습니다. 그러나 문제는 하나가 되는 방법이 무엇인가 하는 점입니다. 우선 어떤 한 사람의 말에 따라 행동하거나 법을 통해 질서를 만들고 이를 준수할 때 하나가 될 수 있습니다. 그러나 문제는 이 사람의 말에 따르기로 한 것이 합의인지 강압인지 하는 점입니다. 강압에 의한 경우 겉으로는 하나가 된 것처럼 보이지만, 속으로는 불만이 가득 차게 됩니다. 그것이 쌓이면 언젠가 불만이 터져 나올 테고, 집단이나 사회는 갈등과 분열을 맞을 것입니다.

법의 경우도 마찬가지입니다. 법을 준수하는 것도 중요하지만 누가 어떻게 법을 만들었는가는 더욱 중요합니다. 우리가 합의해서 만든 법이라면 우리도 자연스럽게 이를 준수할 테고, 모든 사람이 하나가 되면서도 불만이 없을 테니까 말입니다.

제시문에서처럼 아빠의 말에 따라 보신탕집에 갈 수도 있습니다. 그러면 이 가족은 겉으로 보기에 단합된 가족인 것처럼 보입니다. 그러나 과연 무엇을 위한 단합일까요? 가족들이 다 불만을 가지고 있다면 말입니다. 진정한 단합은 겉보기 단합이 아니라, 서로 합의했을 때 이루어집니다. 그런 때라야 아무런 불만 없이 서로 하나가 될 수 있기 때문입니다.

03 어머니는 피자를 먹으면 살이 찌니 먹지 말라고 하십니다. 물론 피자를 먹으면 살이 찌겠죠. 따라서 살찌는 것이 싫으면 어머니 말씀을 들어야 합니다. 어머니 말씀은 당연한 일이기 때문입니다. 분명 어머니는 도구적으로 합리적인 사람입니다. 살찌지 않기 위한 목적을 달성하기 위해 항상 효과적인 방법을 생각하시기 때문이죠. 하지만 의사소통적 합리성을 지닌 사람은 아닙니다. 살찌지 않으려면 피자를 먹지 말아야 한다고 윽박지를 뿐 왜 살쪄서는 안 되는지 설득하지 않으셨기 때문입니다.

살찌지 않기 위해서는 피자를 먹지 말아야 하지만, 저는 왜 살찌면 안 되는지 별로 심각하게 생각해 본 적이 없습니다. 이모는 저에게 너무 살이 많이 찌면 안 되는 이유에 대해 설명해 주셨어요. 그리고 저를 설득했습니다. 이모는 의사소통적으로 합리적인 사람입니다. 무조건 하지 말라고 명령하는 것이 아니라, 이유를 대가며 저를 설득하기 때문입니다.

04 지혜가 화가 난 이유는 사람들이 자기 말을 무시하고, 따라서 이 말을 하는 자기 자신 또한 무시했기 때문입니다. 우리는 다른 사람들이 우리 자신을 무시하면 무척 화가 납니다. 그리고 너무나 억울하다고 생각합니다. 무시한다는 것은 나를 없는 사람 취급하는 것입니다. 분명 학급회의 시간에 내가 있는데, 나의 말을 들은 척도 하지 않는다면, 사람들은 나를 없는 사람 취급하는 것입니다.

점심시간에 급식을 하는데 나만 빼놓는다면 어떨까요? 친구들이 함께 축구를 하는데 나만 빼놓는다면 어떨까요? 사람들이 나에게는 말도 걸지 않는다면 어떨까요? 정말 기분이 나쁠 것입니다. 내가 지금 여기에 있는 것을 인정하지 않고 친구 취급도 안 해 주면서, 심지어 나를 생각도 없는 사람처럼 취급하는 것이기 때문입니다.

다른 사람과 의사소통하려면 먼저 그 사람을 대화상대로 인정해야 합니다. 나처럼 생각하고, 말하고, 들을 줄 아는 사람으로 인정해야 합니다. 그렇지 않으면 단지 의사소통이 불가능할 뿐만 아니라 그 사람을 화나게 만듭니다. 그 사람은 자신이 무시당했다고 생각하기 때문입니다.

05 의사소통이란 서로 대화하는 것입니다. 즉 말하고, 듣고, 또 말하는 과정입니다. 그러나 이렇게 대화한다고 해서 의사소통이 잘 되는 것은 아닙니다. 왜냐하면 나는 나의 주장만 하고, 상대방은 또 자신의 주장만 되풀이할 수 있기 때문입니다. 이럴 때 말이 잘 통하지 않게 됩니다. 의사소통을 잘 하려면 단지 나의 주장만 하는 것이 아니라, 다른 사람이 나의 주장에 대해 어떻게 반응하는지에 눈여겨보아야 합니다. 그리고 다른 사람의 눈을 통해 자신의 주장에 대해 다시 한 번 생각해 보아야 합니다.

다시 말해 다른 사람의 입장에 서서 자기 자신에 대해 생각해 보아야 한다는 것입니다. 이럴 때 우리는 서로를 잘 이해할 수 있고, 또 그 사람과 마음이 통할 수 있습니다. 이것이 진정한 의사소통입니다.